救済のプラグマティズム

ジェイムズの「宗教と科学」論

林研

A Pragmatic Theory of Salvation

Science and Religion in the Philosophy of William James

春秋社

まえがき

宗教と科学の関係を問う試みが、近年英米圏で盛んになってきている。宗教と科学はそれぞれわれわれの生活に浸透している実践的な枠組みであると同時に、その関係性が歴史的に現代の文明を作り上げてきた要因でもあり、ますます研究者の興味を惹きつけているのである。「宗教と科学」がテーマの書籍は日本では出版件数が少ないものの、世界的には増える一方である。例えばアメリカ議会図書館に所蔵される「宗教と科学」に関する書籍の出版数は、一九八〇年代・一九九〇年代に比べて、二〇〇〇年代・二〇一〇年代では二倍程度に増加している。また、学術雑誌についても、『ザイゴン』（米・一九六六年発刊）『科学とキリスト教信仰』（英・一九八九年発刊）『神学と科学』（米・二〇〇三年発刊）などがあり、すでにひとつの研究分野として確立していると言える。

二十世紀には一般に、「科学が進歩すれば、宗教はしだいになくなっていく」という感覚を持つ人が多かったかもしれない。しかし二十一世紀になり、実際には宗教は衰えていない。科学文明の最先端国家であるアメリカ合衆国で宗教票が大統領選挙を大きく左右しているように、宗教は政治の背景として機能している。また、移民に伴う多文化共生においては宗教の問題が大きく、逆に宗教面での相互理解は共生を円滑にする鍵になる、といったように、宗教の社会への影響力はむしろ増しているように見える。しかしその一方で、科学技術や科学的思考は言うまでもなく現代人の生活にとって不可欠であるから、宗教がなくならないものならば、科学との健全な共存の方法がどうしても必要となる。

一般に宗教と科学は対立関係にあると見られがちである。しかし実のところ、この構図は十九世紀にドレイパーやホワイトの著書によって広められた見解であって[1]、実際の科学の歴史は必ずしも宗教を敵と見てこなかった。コペルニクスやニュートンは敬虔なキリスト教信者であり、教会と衝突したことで有名なガリレオも、宗教を否定するような考えはまったく持っていなかった。つまり、「宗教」と「科学」を対にして論じること自体、十九世紀に出現した新しいテーマなのである。そのため十九世紀には「宗教と科学」についての思想が数多く提示されており、今日でも考慮に値する議論は少なくない。

本書で扱う思想家は、十九世紀後半から二十世紀初頭に活躍したウィリアム・ジェイムズである。ジェイムズは様々な分野で印象的な仕事をなしてきた。心理学においては、アメリカにおける心理学の父として、また「ジェームズ゠ランゲ説」の提唱者として名高い。哲学では、アメリカ起源の哲学であるプラグマティズムの代表的な論者として、また宗教学では、宗教を個人の経験から分析した『宗教的経験の諸相』の著者として広く知られている。この書は「宗教学の名著」に必ず名が挙がるような存在であり、特に神秘体験の特徴分析は言及されることが多い。さらにこの書に先立つ「信じる意志」の学説は、信仰の正当化のひとつの類型として広く知られている。

ジェイムズの宗教論は、心理学というよりは哲学の問題として扱われているが、ジェイムズの哲学はそもそも宗教論と不可分の関係にある。ジェイムズにとって、哲学は常に人生の問題であり、個人の生き方に関わるものであった。ジェイムズは形而上学的多元論を主張しているが、多元性というのは、そもそも個別性を重視することと表裏一体である。

哲学はしばしば普遍妥当性を求める探究と同一視されるが、この場合、個人の特殊事情は捨て置かれることになる。人生の問題に悩んだとき哲学に救いを求める人は多いが、問題が一般化されることによって、肝心のパーソナルな部分が捨象されるということがしばしば起こってしまう。ジェイムズは逆に、とことん個人の視点を哲学に組み込んだ。宗教的経験の研究はまさにその実例であり、プラグマティズムもその延長上にある。一見即物的に見えるプラグマティズムの哲学も、ジェイムズの手にかかれば個人の繊細な部分を慰撫する思想となるのである。

さて、ジェイムズの著述には一貫して「宗教」と「科学」への強い関心が見られる。このことはジェイムズを読む者にとっては自明なのだが、意外にも「宗教と科学」研究のなかにジェイムズを位置づける議論はこれまでほとんどなされていない。「宗教と科学」関係論の研究書にも、ジェイムズはほとんど登場して来ない。確かに、ジェイムズ自身は「宗教と科学」をテーマにした、まとまった著述を行っていない。また、プラグマティズムの思想は、直接宗教には関係しないし、宗教を相対化・自然化しているように見えるかもしれない。しかし、少なくともジェイムズのプラグマティズムは、宗教と科学の問題への示唆に富んでいる。これを明確化しようというのが本書の狙いである。

「宗教と科学」という主題を持つ近年の研究は、実際にはその多くがいわば各論であり、例えば進化論、ビッグバン理論、量子力学、脳科学などの具体的テーマについて、衝突や調和を論じるものである。つまり、宗教と科学の根本的な関係を問う、というような総論的な研究は必ずしも豊富とは言えない。こうした状況のなか、特にこの分野でよく参照されるものに、イアン・バーバーが提唱した「対立」「独立」「対話」「統合」の四モデルがある。[2] 共存を目指すならば、「対立」モデルは避けなければいけないが、ここはある程度克服されてきており、現在優勢なのは宗教と科学を無関係な領域と見る「独立」モデルだと言える。宗教は意味や価値に関するもので、事実を示す科学とはまったく別の営みだというわけである。バーバーの見立てでは、プラグマティズムの考え方もここに含まれる。

しかし、プラグマティズムは事実と価値の境界を取り除くものであり、特にジェイムズは宗教的真理の追究を科学と同じ方法論だと見ている。つまり、明らかに無関係な共存ではなく、対話・統合の方へ踏み込んでいる。こうしたスタンスにあるプラグマティズムは、宗教と科学に関する総論を提供しうる哲学のひとつとみなすことができる。ジェイムズの思想を研究することは、宗教と科学の関係を、より積極的な調和へ導くことに貢献しうるであろう。

そしてまた、何よりもジェイムズの思想は、未来志向で肯定的な力に満ちている。プラグマティズムは冷たい合理的思考のように思われがちだが、実際にはジェイムズのプラグマティズムは極めて人間的で温かい。ジェイムズの著述は常に謙虚であり、自分の意見を常に仮説として扱う「科学的」態度を取る。プラグマティズムは知識についてのあらゆる主張は誤りうるという「可謬主義」を特徴とするが、ジェイムズはそれを極めて自然に身につけていた。こうしたタイプの人格は著名な哲学者には少ないのではないだろうか。またジェイムズは基本的に調停を目指す哲学者であり、異論を全否定しない寛容さを持つ。この寛容さは知的である以前に、その人格から来ているように思われる。本書は思想研究ではあるけれども、併せてジェイムズの魅力をも感じ取ってもらえれば幸いである。

本書では、ジェイムズに特有の概念や見解を様々な主題のもとに照射しており、各章で説明が重複しているところが少なくない。しかし、異なる視点から見ることでジェイムズの思想をより立体的に受け止めてもらえることを願い、大きく重複を省くことはしなかった。この点はご了承いただきたい。

救済のプラグマティズム◆目次

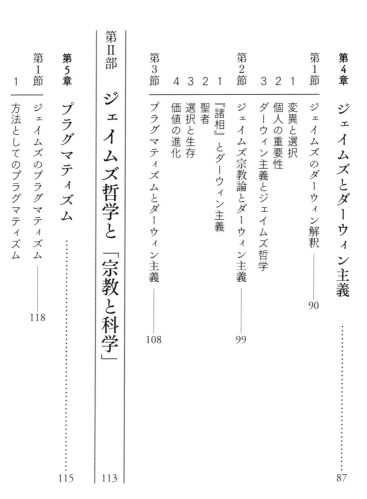

凡例

ジェイムズの代表的な著作については、一般に入手しやすいライブラリー・オブ・アメリカ版に準拠した。研究者向けにはハーヴァード大学出版の全集が用いられることが多いが、これは判型が大きく高価なため、ジェイムズの専門研究者の少ない国内では、読者にとって参照しにくいと判断したためである。主な著作からの引用に際しては、以下の略号を用いて示す。また、それぞれの著作の邦訳も、代表的なものを示しておく。

William James : Writings 1878-1899, The Library of America, 1992 所収

RS　“Remarks on Spencer's Definition of Mind as Correspondence,” 1878.

PBC　*Psychology : Briefer Course*, 1892.
『心理学』上下、今田恵 訳、岩波文庫、一九九三年。

WB　*The Will to Believe*, 1897.
『ウィリアム・ジェイムズ著作集2 信ずる意志』、福鎌達夫 訳、日本教文社、一九六一年。

PCPR　“Philosophical Conceptions and Practical Results,” 1898.
『プラグマティズム古典集成』、植木豊 編訳、作品社、二〇一四年、所収「哲学的概念と実際的効果」。

TTS　*Talks to Teachers on Psychology : and to Students on Some of Life's Ideals*, 1899.
『ウィリアム・ジェイムズ著作集1 心理学について――教師と学生に語る』、大坪重明 訳、日本教文社、一九六〇年。

William James : Writings 1902-1910, The Library of America, 1988 所収

VRE　*The Varieties of Religious Experience*, 1902.
『宗教的経験の諸相』上下、桝田啓三郎 訳、岩波文庫、一九七〇年。

WPE　“A World of Pure Experience,” 1904.
『純粋経験の哲学』、伊藤邦武 訳、岩波文庫、二〇〇四年、所収「純粋経験の世界」。

PR　*Pragmatism*, 1907.
『プラグマティズム』、桝田啓三郎 訳、岩波文庫、一九五七年。

PU　*A Pluralistic Universe*, 1909.

『ウィリアム・ジェイムズ著作集6 多元的宇宙』、吉田夏彦 訳、日本教文社、一九六一年。

SPP　*Some Problems of Philosophy*, 1911.

『世界の名著 59 パース・ジェイムズ・デューイ』、上山春平・山下正男・魚津郁夫 訳、中公バックス、一九八〇年。

本書ではこれらのテキストを用いて引用・参照を行い、略号とページ数を示した。引用文の翻訳は著者によるものであり、〔 〕内は著者による補足である。引用文中の強調（傍点）は原著に従った。

なお、*The Will to Believe* は論文集であるため、所収されている論文からの引用の際には、論文名を以下の略号で表して WB/ の後に記した。以下の括弧内は邦訳書での論文名である。

P　"Preface"（序）
W　"The Will to Believe"（信ずる意志）
L　"Is Life Worth Living?"（人生は生き甲斐があるか）
S　"The Sentiment of Rationality"（合理性の感情）
R　"Reflex Action and Theism"（反射作用と有神論）
D　"The Dilemma of Determinism"（決定論のディレンマ）
M　"The Moral Philosopher and the Moral Life"（道徳哲学者と道徳生活）
G　"Great Men and their Environment"（偉人とその環境）

その他、ジェイムズの著述として、以下の文献を使用した。

"Are We Automata?" 1879, *The Works of William James : Essays in Psychology*, Harvard University Press, 1984.

"The Physical Basis of Emotion," 1894, *The Works of William James : Essays in Psychology*, Harvard University Press, 1984.

"Address of the President before the Society for Psychical Research," 1896, *The Works of William James : Essays in Psychical Research*, Harvard University Press, 1986.

The Principles of Psychology, Vol. II , Dover Publication, 1890.

The Letters of William James, Vol. I, Atlantic Monthly Press, 1920.

救済のプラグマティズム——ジェイムズの「宗教と科学」論

序章

救済の宗教と科学の時代

「宗教」は、実のところ一つの定義で規定することの困難な概念である。まず大きく分けて、社会的な集団としての宗教と、個人の内面的な信仰としての宗教とを考えても、ニュアンスは大きく異なるだろう。現代日本の一般的なイメージでは「宗教」という言葉が団体に結びつけられがちである。一方、西洋近代における宗教の認識は、個人にスポットを当てる方向に進んできた。日本でも、宗教に関心のある人に限ってみれば、個人の内面的なものと捉えるケースが多いと思われる。

近年の宗教研究は、この考え方が「宗教の私事化」という近代の偏見であることを見出し、むしろ公共圏を中心とした社会的な現実としての宗教に焦点を当てる方向に進みつつある。しかしそれは宗教のリアルな様態が見逃されてきた偏りを正すということであって、個人の内面的な信仰に意義がなくなったわけでは決してない。そもそも日本では宗教という言葉に団体や儀礼のイメージが強いのであるから、個人の内面の問題としての宗教が、より認知されるべきであろう。そして特に科学との共存というテーマにあっては、宗教を信じる人が科学を拒絶することも、科学を信奉する人が宗教を拒絶することも社会にとって好ましくない。つまり個人の認知的な次元が最終目標となるのである。

本書ではウィリアム・ジェイムズ（William James, 1842-1910）の宗教論を扱うが、ジェイムズはとりわけ個人にとっての宗教を追究した人であり、宗教の社会的側面はほとんど扱われていない。したがって、本書では「宗教」を、基本的に個人のものとして論じることになる。

個人の内面に焦点を当てて考えるならば、多くの場合「宗教」は、「救済」に関わるものと言えるだろう。宗教的な救済にも様々な形があるが、それは主に精神的な苦悩からの解放であり、例えばそのもっとも極端なものに、「回心（conversion）」の現象がある。回心とは、主にキリスト教において過去を悔い改め正しい信仰へ心を向けること、そしてその際の宗教的体験のことを指すが、その体験は時に突発的で人格が変貌するほど強烈である。回心にはしばしば希望、幸福感、安心感、決意などが伴い、当人にとっての苦悩が解消されているため、救済を内面の問題と見る場合には、回心は間違いなく一種の救済である。伝統的には、こうした体験は神または何らかの超自然的・超越的な存在の働きかけによって起こると想定されてきた。

しかし、近現代は科学の時代であり、科学的思考は概して超自然的な説明体系と調和しにくい。いわゆる「科学的な」見方からすれば、回心現象も脳の現象に還元され、突発的な、あるいは病的な神経ネットワークの再編成として処理されてしまうだろう。この場合、超越的なものを想定する宗教の説明は間違いだとみなされることになる。こうした認識を持つ人は宗教にリアリティを感じることがなく、結果として宗教によって救われる可能性が低くなるように思われる。

しかしそれでは、科学を信頼すると同時に、苦からの解放としての救済を必要とする者はどうすればよいのか。スピリチュアルな苦悩を抱える現代人にとって、これは共通の問題である。

このことをいち早く問題として捉え、それに解答を与えようとした思想家の一人がジェイムズなのである。しばしば指摘されるように、ジェイムズの著述には自身の苦悩の解決を目指すパーソナルな側面が各所に見出される。ジェイムズを救いを求める「病める魂」の持ち主と見る見解は、ジェイムズ研究の礎石とも言えるR・B・ペリーの仕事以来、[1]ジェイムズ理解の一般的なトーンであり、宗教論を全面的に展開した『宗教的経験の諸相』（以下、本書では『諸相』と略記する）が全体として救済論の色彩を帯びていることは容易に見て取れる。

その一方で、ジェイムズの科学的な側面については、十分に論じられてきていない。もちろんジェイムズが生理学からキャリアを築いたこと、ダーウィンの進化論に強い影響を受けていることなどは周知のことであるが、唯物論や実証主義への批判が強いためか、ジェイムズを科学的な思想家だと見る見方はあまりなされていない。

しかし実際のところ、ジェイムズはまさに宗教と科学のどちらをも必要とする人であった。ジェイムズの思索はすべて経験的事実から理論を構築する科学の方法に依存しているのである。とりわけ『信じる意志』では、それが信仰擁護の書であるにもかかわらず、科学を論じた見解が大量に組み込まれており、その傾向は後の『プラグマティズム』にも継承されている。つまり、ジェイムズは宗教的な救済を求める人であると同時に、科学を強く信頼し、その発展を望む人でもあったのである。

そこで本書では、**ジェイムズが宗教を論じた意図のひとつは、科学の時代に救済が可能であることを理論的に担保することであった**という仮説を提示したい。この仮説自体は証明できるものではないが、この視点からジェイムズの宗教論を見渡すことによって、従来のジェイムズ解釈とは異なる側面に光を当てることができると考える。また、この視点から見たジェイムズの思想は、「宗教と科学」の研究分野にも貢献しうることが期待される。

以上の関心のもとに、本書では、宗教を救済の観点から捉えた上で、ジェイムズの思想全体から「宗教と科学」に関する見解を総括する。そのために、ジェイムズの宗教論のなかから救済というモチーフを拾い上げ、同時に科学との関係についても考察していく。また、それら全体を結合する役割を果たすプラグマティズムの哲学[2]についても、改めて解釈を行う。

ジェイムズの哲学は決してプラグマティズムだけではなく、むしろその本領は総合的な「根本的経験論」にあるのだが、本書では特にプラグマティズムを中心に考察を進めている。これは、「宗教と科学」の問題にアプローチするにあたり、ジェイムズ流のプラグマティズムが効果的だと考えられるからである。

プラグマティズムは初期の提唱者であるパース、ジェイムズ、デューイの三人でも理解がかなり異なっている。特にパースはプラグマティズムを厳密に論理的な方法論として定式化しており、ジェイムズ的な用法を嫌ったとされる。しかし、ジェイムズの用法は人間心理への影響・効果という方向に大らかに開かれており、それによって厳密さを損ないつつもプラグマティズムの応用範囲は広がり、普及するに至った。また、個人主義的なジェイムズに対してデューイは社会的な機能として真理や知識を考えたが、宗教における個人的な感情や認知は軽視されているように見える。「宗教と科学」にオリジナルな視点を与えてくれるのは、ジェイムズのプラグマティズムであるというのが、本書の立場である。

その他、ジェイムズの最重要モチーフである「意志」について、あるいは自然主義の問題についても検討しつつ、ジェイムズの「宗教と科学」観を総合的に論じていく。

なお、本書ではジェイムズの著作のうち、特に『信じる意志』(一八九七年)、『諸相』(一九〇二年)、『プラグマティズム』(一九〇七年)を主な研究対象として扱い、その他の著作も必要に応じて用いているが、思想の発展史的な視点は取り入れていない。ジェイムズの思想に変化があったかどうかは議論のあるところであるが、ジェイムズが四十八歳にして出版した大著『心理学原理』(*Principles of Psychology*, 1890) 以来、彼のモチーフや考え方は一貫しているとする立場[3]を本書では採用した。

本書の第I部では、ジェイムズの宗教論と科学論を、それぞれを概観する。

第1章では、ジェイムズが科学とどのような関係を持っていたのかを紹介する。また、様々な著述からジェイムズの科学論を抽出しながら、プラグマティズムとの関係を示す。ジェイムズの科学観はプラグマティズムの論理と強く結びついているため、ここを把握することが「宗教と科学」にアプローチする入り口となる。

第2章、第3章では、ジェイムズの基本的な宗教観を提示する。特に救済に関わる宗教現象である「回心」と「祈り」に焦点を当てて『諸相』の宗教論を解釈する。また、ジェイムズの道徳観について確認するなかで、人間の生への宗教的次元の関わりがどう理解されているかを見ていく。

第4章では、ジェイムズ哲学と科学の関係についてのケーススタディとして、ダーウィン進化論の問題を扱う。プラグマティズムはダーウィンの進化論をもとに生み出された思想であり、ジェイムズのダーウィン理解は思想史的にも興味深い主題である。

第Ⅱ部では、プラグマティズムを用いることによって見出される「宗教と科学」の関係について、多角的に検討していく。

第5章では、ジェイムズの提唱するプラグマティズムを改めて基礎的なところから解釈し、その「宗教と科学」への適用の可能性を検討する。

第6章では、宗教と科学の対立を引き起こす最大の要因となる自然主義の問題を取り上げる。超自然主義は現代では否定されがちであるが、宗教との関わり、特に救済との関わりは深い。ここをどのように調停するかは重要課題である。

第7章では、ジェイムズ宗教論の基盤をなす論文「信じる意志」を精密に読み解き、この学説が救済という問題に直結することを明らかにする。この論文で提唱される理論はジェイムズ流プラグマティズムの源流でもあり、「宗教と科学」問題にも関連したその妥当性を検討する。

第8章では、現代哲学の問題でもある「脳科学と自由意志」のテーマを扱う。ジェイムズは科学的心理学の研究者としてこの問題をすでに見通しており、哲学者として一定の解答を与えている。意志の自由は信仰と救済にとって不可欠なものであり、このテーマも宗教と科学の架橋に大きく関わる。

第9章では、これまでの考察をふまえた上で、「信じる」ことと救済との関係を考察する。自由意志についてのジェイムズの見解を再検討すると同時に、個人と世界との関係を展望していく。自由な意志によって宗教的仮説を信じることは、個人および世界の救済を導くのであろうか。

第I部

ジェイムズの宗教観と科学観

第1章

科学の時代とジェイムズ

ジェイムズは多彩な顔を持つ思想家である。その仕事で一般によく知られているのはプラグマティズムの哲学、あるいは宗教的経験を分析した宗教論であるが、一方で彼はアメリカで初めて心理学を独立した学問として確立した人物でもある。このように多方面に印象的な仕事を残したジェイムズが、ハーヴァード大学で学んだのは化学や医学であり、同大学で最初に講じたのは生理学であった。

経歴を見るとジェイムズは生理学から心理学、その後哲学へと専門を移行しており、徐々に科学から離れていくことになるのだが、彼が十九世紀の西洋世界で、最先端の科学の場から出発した意味は大きく、後の哲学的著述にも科学についての言及は散見される。しかし、多彩な性向に隠れてか、ジェイムズの科学的側面はあまり注目されてきていない。

確かにジェイムズは独自の科学哲学と呼べるものを明確に提示はしなかったが、例えば宗教を論じるにあたって科学の言葉が数多く用いられ、結果として宗教と科学とがまったく矛盾せず共存を果たしているところなどを見ても、彼の科学観が決してありきたりなものではなかったことが推察される。

また、ジェイムズ哲学は独特の経験論（すなわち、根本的経験論）を基盤に展開されており、プラグマティズムも宗教論もその上に構築されていると言ってよい。ジェイムズがこの立場を案出する際、すでに会得していた経験的な方法である科学が寄与していることも想像に難くない。そしてこの経験論が独自のものであるがゆえに、その科学観も独自のものと考えられるのである。

これらのことをふまえ、本章ではジェイムズの科学観を明らかにし、「宗教と科学」を論じる上での基礎的な見解を押さえておきたい。

第1節　ジェイムズと科学

1　科学の世紀

ジェイムズが生まれ育ったのは「科学の世紀」とも呼ばれる十九世紀の半ばであり、まさに科学が学問の一領域として躍進を遂げた英国ヴィクトリア時代に相当する。ジェイムズの父ヘンリーは宗教思想家であり、その家庭は特別科学的な環境ではなかったが、ヘンリーの教育理念によりヨーロッパを転々としながら初等教育を受けたジェイムズは、時代の先端の空気を吸って育ったと言える。[1]

この頃の科学史上の事件としてはダーウィンの『種の起源』出版（一八五九年）が挙げられる。周知の通りダーウィンの自然選択説は、科学上の発見というにとどまらず、従来の自然観を大きく変えるエポックメイキングなものであった。このときジェイムズは十七歳である。プラグマティズムが進化論の影響を受けて、行動や生存競争的な性質を重視し、あるいは社会存在としての人間性を意識するなかから生まれたということはよく知られるところである。[2]

画家を志したジェイムズが夢を断念し、大学で専門に選んだのは化学であった。その後は生物学を経て医学の学位を取得することになる。ジェイムズが専門的な科学教育を受け、自身を科学者と捉えていたことは、その科学観を語る上で重要である。というのも、科学者が科学を語る場合、しばしばその態度は科学への盲信か、科学への冷静かつ謙虚なまなざしかのどちらかになりがちだからである。そしてジェイムズの場合は後者であった。

ところでジェイムズと同時代に、同じく科学者であり、独創的な哲学をも創出した人物がいる。オーストリアのエルンスト・マッハ（Ernst W. J. W. Mach, 1838-1916）である。ジェイムズはマッハを高く評価しており、『プラグマティズム』でもマッハの名を三度挙げている。また、渡欧の際にプラハ大学を訪れ、マッハの物理学の講義を聴講したことも知られている。[3]

マッハの思想は現象学との関連で言及されることが多いが、実はジェイムズとの共通点も少なくない。主客二元論を超えて直接的な経験へと立ち戻ること、感覚的な要素の関係として世界を捉えるところなどは、両者に共通する思想的な基盤と見ることができるだろう。

そのマッハもまた、科学について冷静な目を持っていた。マッハは「実証主義」の祖というレッテルを貼られがちであるが、その実はむしろジェイムズやベルクソンを含む「実証主義への反逆者たち」の一人と言うべき立場であった。[4] 例えばジェイムズは次のように書いている。

マッハやオストヴァルトやデュエムのような人々が賛同する科学の哲学において、私たちは、物理的自然を見る常識的な見方への奇妙な逆戻りを目撃している。これらの学者たちによれば、どの仮説も、より文字通りに実在の複写であるという意味においては他の説より真に近いということはない。それらはすべて私たちの側における論じ方にすぎず、その効用（use）という視点からのみ比較されるのである［PR 569-570］。

これはややプラグマティズムに引き寄せた説明ではあろうが、マッハは科学哲学史の分類上、「反実在論」者とみなされている。科学は普通、実在の真の性質を記述する試みだと思われているが、科学における反実在論は、科学理論を観察可能な現象の予測に役立つ道具とみなす。[5] 詳細は次節で触れるが、この見解はかなりジェイムズと共通している。

ジェイムズの経歴に戻ろう。彼の学者としてのキャリアは生理学から始まったが、名を成したのは心理学者としてであった。医学、生理学から出発した経歴を活かしつつ哲学的な興味を満たす仕事として、心理学は適していた。当時草創期にあった新しい科学としての心理学を探究することで、哲学や宗教の充実を後方から支援しようとしたのである。[6]

したがって、ジェイムズがアメリカで創始した心理学も「科学としての心理学」を宣言しており、当初は精神の問題を形而上学から分離し、心理学を独立した学問とすることが課題であった。

そのため、その研究は心理現象の内省的分析と生理学的事実とのすり合わせという形を取ることになった。

しかしここでジェイムズにとっては葛藤が生まれる。科学としての心理学は、精神の領域を独立の領域と認めるため、必然的に精神と物質という二元論にコミットしてしまうことになる。さらにそれは事象の相関的説明を記述するだけで、根本的な意味での説明を与えることができない。[7] 哲学と心理学とを自ら切り離す一方で、哲学の問題を除外してしまうことには飽き足りないジェイムズのジレンマがここにあった。

その結果彼は『諸相』において、「人間の経験の全表現を事実に即して見るなら、私はどうしても狭い〈科学的な〉境界を越えざるを得ない」[VRE 463] と述べ、徐々に形而上学へとシフトしていくことになる。

もうひとつ、ジェイムズと科学の関係に関して、心霊研究の問題がある。ジェイムズはその主たる研究キャリアの傍らで、イギリスの心霊研究協会を中心とする心霊研究に深く関わっていた。ただし誤解を避けなければならないのは、彼らの研究はオカルティズムの関心によるものというよりは、むしろ徹底した科学的研究だったという点である。[8]

十九世紀には電磁気や放射線など、様々な物理現象が解き明かされ実用化されていっており、心霊現象が科学的に解明されるという見込みは必ずしも低いものではなかった。それゆえ心霊研究協会はデータの収集に客観性を求め、可能な限り確実な事例のみを考察しようとしていたが、結局この活動が科学としての市民権を得ることはなかった。とはいえこうした活動に関わり、その科学性を探求し続けたことは、ジェイムズに科学についての認識を深めさせることにもなったはずである。

2　方法としての科学

ジェイムズは科学をどのようなものと考えていたのか。これを直接的に表明している部分が、その心霊研究のスピーチに見られる。

科学は、その本質において取り上げられる場合、ひとつの方法をのみ意味するものであり、いかなる特別な信念をも意味しないはずである。しかし、その信奉者たちによって習慣的に取り上げられるように、科学はある固定された一般的信念として認定されるようになってきた。その信念とは、自然のより深い秩序はまったく機械的であるというものである。[9]

ここからまず明らかなのは、ジェイムズにとって科学はあくまでも「方法」だということである。それは後に見るように、仮説と検証というプロセスを意味している。もうひとつ見て取れるのは、科学を機械的なものの見方だと考えることが、ジェイムズからすれば間違った科学観だということである。この言及は、直接的には心霊研究の正当性の主張であるが、より広く宗教の問題に関しても、ジェイムズは機械論や唯物論と対決していくことになる。

一般に科学は機械論や唯物論を必然的に伴うかのように考えられがちであるが、科学の方法は本来データのない事柄を判断できないはずであって、宇宙が物理現象のみから成ると科学的に証明することは不可能である。つまり、世界が機械的なものであるという信念は恣意的なものにすぎず、科学の本質とは関係がない。したがって、方法と主義とを分離するジェイムズの見解によるなら、人格的でロマン主義的な見方を方法としての科学に接続することも可能になる。[10]

また、科学を方法として見ることは、その完結を目前に期待しない態度だと言うこともできる。ジェイムズが科学について言及するとき、それはしばしば科学の過信への警告という形を取っている。ジェイムズが見るところでは、科学はまだ始まったばかりの営みにすぎず、「私たちの科学は一滴、私たちの無知は海」[WB/L 496] という自覚を持つべきなのである。

さらに言えば、経験論者を自称するジェイムズは、経験的な方法である科学が論理的に蓋然性しか示せないことを十分に自覚していた。科学が主に依存する帰納的推論は、自然の斉一性を前提としない限り成り立たないのであり、それを想定することをジェイムズは「信仰（faith）」と呼んでいる [WB/S 524]。これらのことから、ジェイムズにとって科学は普遍的真理をすぐさま捕まえるようなものではなく、宇宙のごく一部分を丹念に精査していく作業として捉えられていると見ることができる。

もうひとつ、ジェイムズの科学観に特徴的な点は、宗教をもその対象としうるということである。ジェイムズは『信じる意志』序文および『諸相』で「宗教の科学（science of religions）」というものを提唱する。これは宗教的命題について公平な分類や比較を行う態度だと言う。

もし哲学が形而上学と演繹とを捨てて批判と帰納につき、神学から宗教の科学へまっすぐ変身するならば、哲学は著しく役立つものとなる……〔その場合、哲学は〕無邪気な過剰信念やその表現における象徴化であるものと、文字通りに受け取られるべきものとを区別することで、仮説の定義を洗練させることができる。結果として哲学は、異なる信仰者の間の調停を申し出たり、意見の一致をもたらす手助けをしたりできるのである［VRE 408-409］。

こうした構想が成立しうるのは、科学を唯物論から切り離し、方法としてのみ捉えることを前提としているからである。しかしそれだけではなく、もうひとつ「宗教の科学」を可能にする独特の見方がある。

もし宇宙についての宗教的仮説が適切であれば、そのときその仮説のもとにある個々人が生活のなかで自由に表現する行動的な信仰は、その仮説を検証する実験的なテストであり、またその仮説の真偽を解明することのできる唯一の手段である［WB/P 450］。

すなわち、人が宗教を信じて生活することを、その仮説の検証だとジェイムズは言うのである。

ここで問題となるのは、この「検証」の意味するところである。宗教的仮説の検証というものを考えるとき、個人的経験の多様性やその信頼度を考えるならば、これがたちまち結果を出せるような問題ではないことは明らかである。したがってジェイムズは「宗教の科学」を、「宗教的命題を証拠によって証明する」といった単純な形式のものと考えていたわけではない。目指すところは、あくまでも長い目で見た宗教的仮説の調停と洗練である。

「多様な信仰が互いにもっとも自由な競争を行うこと、そしてそれらの信仰を最大限に開放して、様々な擁護者が生活に適用することは、そのもとで適者生存が進行しうるもっとも有利な条件である」[WB/P 450] とされているように、ここには多様性と競争のなかからより現実に適したものが生まれる、という進化論的な発想が見られる。このように、ジェイムズの考える「検証」には、かなり長い期間が想定されている。

信仰は作業仮説と同義である。ただひとつの相違は、ある仮説が五分間で論駁されうるのに対して、他の仮説は長い年月にわたって抵抗するということである……ダーウィンの学説や物質の運動構造説のような理論は、その確証において幾世代もの労力が傾けられるであろう。その際、その真偽をテストする個々人は、次のような単純なやり方で進める――すなわち、彼はあたかもそれが真であるかのように行動し、仮定が誤りであればその結果は彼を失望させると予期するのである。失望が遅くなれば遅くなるほど、それだけその理論に対する個々人の信仰は強くなってゆく［WB/S 527］。

ここでも信仰（faith）という語が使われているものの、その対象は純然たる科学理論であり、こうして見るとジェイムズの「検証」概念は基本的に自然科学と「宗教の科学」とで共通のものを考えているとみてよい。いわば、自然現象と宗教との違いはそれに要する時間や蓋然性の程度の差であって、質的な相違ではないということである。

しかしそれでも、この二つの検証概念はやはり異なるという反論はあるだろう。一般に科学は実験者の関与とは独立に、自然界に存在する法則・原理を「発見」するものだと考えられるからである。しかし宗教がそうではないと言うことができるだろうか。少なくとも信仰を持つ当人にとっては、宗教もまた、自分とは独立にすでに存在する神的実在やその摂理を発見することにほかならない。

ひとまず宗教の正当性は置くとして、ここでは科学のあり方に目を向けたい。宗教は、今日では人間が歴史的に作り出してきたものと考えられている。では科学はそうではないのだろうか。ジェイムズは、「宇宙的空間と宇宙的時間は……科学の示しうるいかなるものとも同じように、明らかに人為的な構成物である」［PR 564］と言う。つまり、科学もまた、人間が作り出したものだと考えるのである。[11]

しかしこれは科学が間違いだということを意味しない。科学的に示された説が本当であったとしても、それ自体はわれわれの経験が構成したものである、という事実を言っているのである。つまり科学的発見は人間が描き出したものであるが、それが「本当の」真理の可能性もある、というスタンスである。

そしてこれはジェイムズの宗教観とも合致する。ジェイムズによれば、神的なものは潜在意識からやって来るとみなされるが、その向こうに本当の神がいてもよいのである。したがって、科学がこのようなものであるとすれば、その検証過程は権利上、宗教的仮説の検証と同等なはずであり、やはり「検証」概念は科学と宗教の両者に共通して用いることが可能となる。

3　実証主義批判

一般的に考えれば科学は実証主義に従うものであるが、科学の蓋然性を重く見るなら、「実証」が果たして可能か、という問題が生じる。ジェイムズは人間の知識がすべて部分的・蓋然的なものだという経験論の立場を取り、これを徹底するなかで実証主義を批判する。

『信じる意志』において、ジェイムズは実証主義を「中途半端な経験論」［WB/P 447］だと言っている。ここでジェイムズの念頭にあるのは、この立場を代表するクリフォード（William K.

Clifford, 1845-1879）のテーゼ「不十分な証拠に基づいて何かを信じることは、いつ、どこであれ、また誰にとってであれ間違いである」[WB/W 462] というものである。

なぜこれが「中途半端な経験論」と言えるのか。それは「十分な証拠」が得られることを期待している、言い換えれば「客観的真理」を求めているからである。ジェイムズは真理を求める態度として「経験論的な流儀」と「絶対論的な流儀」とを対置し、ここでクリフォードを事実上絶対論者として扱っている [WB/W 464-466]。ここで言う絶対論とは絶対的・普遍的な真理を獲得できるとする立場であり、それは次のことをも意味する。

> 絶対論者は……私たちは真理の認識を達成できるだけでなく、真理の認識を達成したのがい、つ、か、を知ることができると言う [WB/W 465]。

ジェイムズはこれに対して、経験論者は「真理が手のうちにあるときに、それが確かなことを知らせるどんな合図のベルも私たちのうちに鳴り響かないと信じている」[WB/W 478] と言う。つまり、われわれが普遍的な真理を認識する可能性はあるが、仮に真理を認識していたとして、それが真理であるということはどうやって知るのか、と問うのである。それは経験から確定できるはずがなく、蓋然性を超えた何らかのア・プリオリな性質を前提しなければならなくなる。

この点から見ると、実証主義は一見経験的な方法に見えて、その実は絶対論の主張に似るのである。科学を厳密に考えるならば、むしろその蓋然性を無視できないはずであり、理念的な実証主義は科学的ではないとすら言うことが可能になる。

また、実証主義は「確実な証拠」が得られるまでは態度を保留し、中立でいなければならないと主張する。しかしジェイムズは、それがそもそも現実的には不可能なことだと指摘する。

中立でいるということは内的に困難であるだけでなく、ある二者択一に対する私たちの関係が実際的で差し迫ったものである場合には、外的にも実現不可能である。それはなぜかと言えば、心理学者たちが私たちに言うように、信念や疑念は生きた態度であって、私たちの側の行為を伴うからである［WB/L 497］。

つまり、「無行動は一種の行動」［WB/L 497］であり、「懐疑」は「信じる」ことと同様ひとつの選択なのである。それはすでに中立ではない。人は生きているだけで絶えず選択を行っているのであって、真理もそれとの関係で考えられるべきである——この見解が次に見るプラグマティズムの真理観につながっていく。

第2節　蓋然性と可能性の科学論

1　プラグマティズムと科学的真理

科学は科学的真理を探究する営みであるが、そもそも真理とは何を指すのであろうか。ジェイムズのプラグマティズムにおいては真理の意味が根本的に問い直されているため、これを置いては科学の目的を規定することができないことになる。

プラグマティズムは普通、真理性を実際的な有用性によって判断する考え方と見られている。しかしここで言う「真理」という観念の意味は、一般的なものとは異なる。プラグマティズムに対する誤解はこの点を理解しないことに起因する場合が多い。

真理という観念について一般的にわれわれが思い浮かべる意味は、ジェイムズが合理論者からの反駁を想定して記述した内容と一致すると思われる。それはすなわち、真理は絶対的に妥当するものであり、不変のものであり、人間の経験からは独立したもの、という見解である［PR 581-582］。これに対して、プラグマティズムはまったく異なる視点から真理を考える。

プラグマティズムの原理からすれば、真理の真理性は実際的な結果によって判断される。このとき、人間の関与の仕方を考えるなら、例えばそれは真理を念頭に置き、それに応じて行動し、その経験のなかで結果を得るということになるだろう。すると、時系列で見る限り真理は常に結果と同時にしか存在し得ないのである。この構図からすれば、真理は未来において妥当する保証を持たない。したがって真理は時々刻々と更新され続けるものとして把握されなければならない。ジェイムズは次のように言う。

> 真理の真理性は、実際のところ出来事であり、過程である。過程とはすなわち真理が自身を検証する過程、真理の真理化（veri-*fication*）である。真理の妥当性は真理の妥当化（valid-*ation*）の過程である［PR 574］。

前節で検討した「検証」概念が、ここではさらに深い意味を持ってくる。それはすでにある真理を確かめることであると同時に、その瞬間瞬間において真理を生み出していく過程として考えられるのである。ここでジェイムズは検証（verification）という単語を「真の」（veri）と「－化」（-fication）の複合語として読み、検証とはいわば真理を生み出す過程だとしている。

これは検証（verification）に二重の意味をかけているように見えるのだが、ジェイムズはこの箇所を除いて、その前後でこの語をイタリックなどで強調することなく、まったく普通の単語として用いている。このことを考慮するなら、この語の意味を取る際は、意味を二つに解釈し分けるのではなく、むしろまさに検証がすなわち真理の創出ということなのだと読むのが相応しい[12]。

また、検証が「過程」だとされている点にも注意しておきたい。一瞬先の真理はいつも未決定であるから、真理性の検証とは、何か特別なことを一度行って終わりといったものではなく、その真理に基づいて行為する過程すべてを指していると見るべきだろう。「思考の行程全体が仮説を確証し続けるならば、それが、経験論者が仮説を真と言うときに意味していること」[WB/W 468] とされるように、それはうまく「働いている」状態において、検証過程にあり、真理でいるのである。

このことについて、真理の伝統的な定義である「観念と実在の一致」を再解釈しつつジェイムズは言う。

私たちの観念は、行動や行動が促す他の観念を通して、経験の他の部分のなかまで、あるいはそこに至るまで、あるいはその方向へ向けて、私たちを導いていく。そしてその間じゅう私たちは、元の観念がその経験と一致していると感じる――こうした感じは私たちに潜在している――のである [PR 574]。

このように、真理は経験に寄り添ってともに進むものであり、また「想定の検証とは、その想定が頓挫や矛盾に導かないこと」[PR 576] であるから、それがうまく働いているというのは不断に検証され続けていることと同義だということになる。

それでは、こうした真理一般についての理論をふまえて、「科学的」真理とは何を指すと言えるだろうか。プラグマティズムの真理観と科学との関係については、次の箇所で直接的に示されている。

> デューイやシラーは言う、どんな場合も、私たちの観念や信念における「真理」は、科学においてそれが意味するのと同じことを意味する。すなわち、観念は……私たちが私たちの経験の他の部分と満足な関係に入る助けになってくれる限りにおいて真となる……観念は道具として真なのである [PR 512]。

これはプラグマティズムについての説明という文脈ではあるが、逆にジェイムズの科学観の表明として読むこともできるだろう。[13] より端的には「もっとも真に近い科学的仮説は……もっともうまく〈働く〉仮説」[WB/P 450] だとも言われている。つまり科学的真理もまた、他の経験との間で満足な関係にあることを意味するのである。こうしてジェイムズの科学観は反実在論的な色彩を帯びる。

> 〔科学の〕研究者たちは、どの〔科学上の〕学説も完全に実在の複写なのではなく、どの説もある視点から見て有用なのであろうという見解になじんできた。それら諸学説の大きな効用は、古

い事実を要約し、新しい事実へ導くことである。こうした諸学説は人工言語にすぎず、誰かが言ったように、自然についての私たちの報告を書き込む、概念的速記にすぎない［PR 511］。

実在はエーテルとか原子とか電子とかからできているかのように考えられている。しかし私たちはそれを文字通りにそう考えてはならない。「エネルギー」という語は、何か「客観的な」ものを表そうと装うものですらない。それは現象の諸変化を単純な公式に配列するために、現象の表面を測定しようとするひとつの方法にすぎないのである［PR 580］。

これは科学を経験の範囲での妥当性にのみ帰属させる見方であり、先述のマッハの見解と同様のものと言ってよいだろう。この見方によるなら、科学的真理は絶対的真理ではない。しかしそれは真理ではないことを意味せず、その「真理」が経験のうちで妥当し続けている限り、それは紛れもない真理なのである。

2　生とともにある科学

ジェイムズのプラグマティックな科学観は、科学から絶対的な妥当性を奪うものであった。こうした見解は見方によれば、なにもかもが不確実だという不安を喚起するものかもしれない。しかし、ジェイムズは哲学の目的を、合理的と思われる考えに達することだと捉えており、合理性を得たという判断基準は安らぎを感じることであるとする [WB/S 504]。それではこの科学観は安らぎにつながると言えるのだろうか。この点を明らかにするために、ジェイムズが自身の哲学的態度として認めていた「根本的経験論」について、ここで簡潔に確認しておきたい。

「経験論（empiricism）」とは哲学史上一般に、あらゆる知識は経験から生まれると考える態度とされ、生得的な理性を重視する「合理論（rationalism）」と対置される。しかしジェイムズはこれを独特な視点から次のように言う。

「経験論者」は、諸事実をすべてありのままの多様性において愛好する人を意味し、「合理論者」は抽象と永遠の原理を熱愛する人を意味する [PR 490]。

このとき、「ありのままの多様性において」というのは、個人がその主観を通して受け止めるそのまま、ということを意味しており、ジェイムズの根本的経験論ではこれを経験の事実と認めて考察の俎上に載せる。なぜならジェイムズにとって経験は事象の本質に先立つ実在だからである[14]。しかしこの場合、経験の理解は個人的な見方を反映せざるを得ない。したがってそこから生じた知識は確実なものと断言されることはなく、すべて「仮説」として置かれ、新しい経験によって随時修正されていくものとして把握される。

しかもジェイムズによれば、「否定的なものや非論理的なものは、決して完全に追放されはしない……あなた方の観点から見て、何かがいまだ間違っており、他であり、外側にあり、うちに含まれない」[WB/P 448] のであって、個人の経験の視点から世界をすべて見て取ることは不可能である。そしてそういった視点が複数集まったところで、まったく見落としのない状況は論理的に保証できず、仮説がデータ不足の状態にあることは根本的に不可避と捉えられる。しかし、そのことを不備と見るのではなく、むしろそうあるべくしてそうなっていると見るのがジェイムズの態度なのである。

つまり、ジェイムズの経験論は、知識が蓋然的であることを積極的に認めるというところに大きな特徴がある。そしてこの蓋然性こそが、真理をわれわれに身近なものにしてくれると言う。『プラグマティズム』において、最初に「プラグマティズム」という言葉を紹介する際に述べられる効能は、「宗教的であり続けることができると同時に……諸事実とのもっとも豊かな親密さを保つことができる」[PR 500-501] というものであった。プラグマティズムの真理観によれば、真理は常にわれわれの行為による検証を要求するのだが、検証するというのは実際に使うことを意味し、そのことによってこそ、われわれは常に仮説としての真理を手にして、真理と密接な関係を持つことができる。

私たちが道理にかなった蓋然性しか要求しない場合、それは真理を愛する人々がいかなる瞬間にも常に真理を自分の手のうちに持ちたいと望んでいるのと同じことである［VRE 304］。

ジェイムズにとって哲学は人生の問題でなければならなかった。そうであれば、「手のうちに持つ」ことのできない真理は意味を持たない。真理は絶対的なものでなくとも、それを活かして生きていけるものでなければならなかったのである。そして真理を用いて行動するとき、結果として世界の様相は再帰的に変化していく。すなわち、ジェイムズの経験論は世界を確定したものと見るのではなく、常に生成する動的なものと見る。それは個々人が絶えず意志による選択を行いながら、世界を新しいものに変えてゆくという意味を含んでいる。

さて、こうした経験論が基盤をなしている限り、科学についても基本的な見方は共通するはずである。科学の方法に必然的に伴う蓋然性は、やはり積極的に捉えられ、将来の修正に開かれているという評価になる。

科学は仮説のみを用いるが、いつもそれを実験や観察によって検証しようと努め、限定されない自己修正と拡大への道を開いている［SPP 995］。

これは従来の科学観への批判としても読むことができる。科学がその知識を過信することによって閉じた体系を作り、科学の可能性を狭めてしまっていることの指摘にもなっているのである。

ジェイムズは唯物論的な傾向に身をまかせた科学崇拝者の、「真理についてのすべての基本的構想はすでに科学によって発見されている」というような考えを、「科学的想像力の欠落」と呼んでいる［WB/L 496］。いまだ知られていないことの膨大さを考慮に入れてこそ、科学は無限の可能性に開かれたものとなりうる。ジェイムズに言わせれば、「完結した事実ではなく可能性こそが、私たちが積極的に扱うべき実在」［WB/L 502］なのである。

これは言い換えれば、科学が静的なものであってはならず、動的であるべきだということでもあり、ここでもジェイムズの科学観と経験論は重なり合う。

プラグマティズムはここで、観察されたものによっていまだ観察されないものを解釈するという姉妹諸科学の例に倣うにすぎない。それは古いものと新しいものを調和的にひき合わせる。それは私たちの心と実在との「対応」の静的関係という完全に空虚な見解を、私たち自身の個々の思想と、それが自身の役割を演じ有用性を持つ他の経験の広大な宇宙との、豊かで能動的な交わりという見解に変えるのである［PR 517］。

つまり、科学もまた、単なる物理現象の記述ではなく、人間による能動的な世界との交わりでありうるということになる。例えば、科学的発見にかける熱意は人間の側からの働きかけの好例である。どんな物理法則であれ、少なくとも人間が潜在から顕在へと引き出すものにはちがいない。

理想的な論理的・数学的調和に対する厳然とした内的要求が私たちの側になかったならば、このような調和がありのままの自然界のあらゆる隙間や裂け目の間に潜んでいるという証明を、私たちは決して達成しなかったであろう[WB/L 497-498]。

科学の営みは、他の経験の領域と同様に、人間の嗜好や意欲と無縁ではない。ただ、真理の探究における検証の過程をとりわけ強調した方法論なのである。したがってこうした科学のあり方は、本来われわれの日々の生活から離れたものではない。

ジェイムズの経験論によれば、日常生活において、何であれ「事前に確実な知識を持つ」ということは不可能である。「事物に先立つ真理とは、検証可能性を意味するにすぎない」[PR 582]のである。そうであれば、人間の生活は、目的を持ち、蓋然的なままに予測し行為していくことから成ると言うこともできるだろう。

科学も元来は個別の目的に従事し、予測を立てることに意義があるものであった。人間が真理を求めるというのは、人生をより豊かに生きるために、個々の問題に対処することのうちにある。こうして見れば、科学の営みは人間の全生活と合致していると言えるのである。

現実の生の営みのうちにおいて、確実性や必然性は必ずしも遍く行き渡っているわけではなく、可能性や蓋然性は必ずしも様相として劣るものとは言えない。[15] 科学もまた、客観的で静的なものではなく、人間の生とともにあると考えるなら、その蓋然性と可能性こそが科学の強みだと言うことすらできるだろう。

さて、いくつかの引用で確認してきたように、ジェイムズがプラグマティズムを提唱するにあたって科学の方法を意識していたことは明らかである。そしてその関係は、どちらかと言えば科学を拡大解釈することで近づけられたもののように見える。

科学における検証過程を、哲学的真理と、日々の生活と、あるいは幾世代をもかけた信仰と重ね合わせるのは一見雑な議論に思われるかもしれない。しかし一方で、世界を物質のみから捉える唯物論や、統一された絶対的真理を掲げる絶対論に科学を結びつけるのも、また恣意的な独断にすぎないのである。厳密に科学を捉えるならば、科学は世界のごく一部の事実を、少しでも多くの人と共有できるように特化した方法にすぎない。機械論者がそこを逸脱してものを言うのなら、より人間生活を豊かにする——有用な——見方を提示する方が望ましいとも言えるのではないだろうか。

ところで歴史的には二十世紀以降、科学とは何かを問う議論が発展してきている。[16] 近年の科学論の流れを大きな枠組みで見れば、それは科学が客観的で合理的な営みであることを立証しようとする立場と、科学が実はそれほど合理的ではないことを示そうとする立場との対立だと言える。

この構図のなかにジェイムズを置いてみるなら、確実な知識が得られることを否定する点では後者に位置づけられるだろう。しかしこれまで見てきたように、ジェイムズは科学を合理的ではないものと見るのではなく、むしろ人間の全生活と同様に、与えられる限りの知識で最善をつくすものと見る。つまり、ジェイムズが科学に見出すのは、何か特別な種類の合理性ではなく、経験的な方法の洗練によって検証を要請するダイナミズムなのである。科学にとって重要なのは合理的か否かよりも、むしろ「より真へ」という運動性だと言えるかもしれない。

第2章

ジェイムズの救済論

「宗教とは何か」と問うとき、定義はできなくても、少なくとも重要な共通点として救済の機能が見出される。実際、人が宗教に正面から向き合うとき、その動機は多くの場合「救われたい」という思いであるにちがいない。

そしてまた、宗教が信じられるのは、それによって救われた人が実際にいるからである。救われた経験を持つ人は、たいていそれを何らかの超自然的な存在の働きとして報告する。歴史上長きにわたり、人はそれを信じて宗教を伝えてきた。

しかし世俗化が進んだ社会に住む現代人にとって、超自然的な存在を単純に信じることは難しい。そのような考えは科学的精神にそぐわないとされるし、場合によっては信仰が争いの原因とみなされることもある。だが、そうした風潮にもかかわらず宗教は現在もなお消滅することはなく、それによって救われている人もいる。このような宗教的救済の現象は、果たしてどのようにして起こるのか。超自然的な存在を想定せずともこの現象を説明することは可能だろうか。そして宗教が人間にとって有用なのだと納得できるだろうか。

これらは現代のわれわれが抱える問題だが、この疑問は実のところ、宗教の伝統を強く受け継ぎながら理性と科学を信頼する十九世紀後半のアメリカ知識人層と共有することができる。こうした問題をふまえて、ジェイムズは一九〇二年に出版された『諸相』において、宗教を神の側ではなく個人の経験の側から記述・分析することで、「人間性の研究」としての宗教論を提示した。[1]ジェイムズが研究に値すると見たのは人々の生活のなかにある「生きた宗教」であり、既存宗教の論理ではなかった。制度的な宗教は明確に研究の範囲から外され、特に精緻に構築された教義神学の体系ははっきりと批判されている。神がいかなる存在であるのかを論じることよりも、人間個人がいかなる要求のもとに神を求め救われるのかが主題となるべきであって、それでこそ、その探究は経験的または科学的な知となりうるのである。[2]

『諸相』ではこうした趣旨のもと、超自然的な存在はいったん括弧に入れた形で保留され、特定の宗教教義に依存しない形で宗教的経験が解釈されている。その結果この著作は、チャールズ・テイラーに「この本がほとんど時代遅れになっていないことは驚くべきことだ[3]」と書かせたように、われわれと多くの問題を共有することができるものとなっている。

そして『諸相』の「結論」部分では、多種多様な宗教に共通の核心として、「不安感とその解決」があげられ、その「解決」は、「より高い力と正しく結びつくことによって私たちが間違いから救われているという感覚」[VRE 454] だとされている。このことからも、ジェイムズが救済という問題を宗教のもっとも重要な要素のひとつと考えていることがわかる。そこで本章では、『諸相』を中心としたジェイムズの宗教論を、救済という視点から再構成して提示することを試みる。

第1節　救済の経験

1　回心

『諸相』で描かれるもっとも典型的な救済の場面は、宗教的な特殊経験を経て新しい人格に生まれ変わる「回心（conversion）」である。回心の記述と分析は『諸相』のちょうど中央部で行われており、『諸相』前半はジェイムズによる救済論とでも言うべき趣を示している。

さて、ジェイムズの扱う「回心」の概念にはかなり幅があり、その経験の程度も様々なのであるが、特に強調されているのは「二度生まれ」と名付けられる状況である。

ジェイムズによれば、宗教との関わり方において、人間には「一度生まれ（once-born）」と「二度生まれ（twice-born）」の二種類の人がいると言う。「一度生まれ」の型の人間は、世界の善の部分だけを凝視し、悪の存在をいっさい認めないという「健康な心」を持つ。そして彼らはその強い善への志向によって救いを得るのである。例えば、ジェイムズは当時流行していた「マインド・キュア」、すなわち精神の持ち方によって病気を克服するという一種の信仰治療運動を、一度生まれの宗教として肯定的に評価している[4][VRE 91-94]。

一方、「二度生まれ」の型の人間は世界の悪の側面を知り、それを実感してしまったため、安らぐことのない「病める魂」の苦悩のうちに捕われている。彼らは現世の成功すらも不確かなものと感じ、どこにも安心することのできない絶望のなかにいると言う。そこではもはや悪を忘れ去るようなことは不可能であり、生まれながらの健康さに戻ることはできない。したがって、彼らが救われるためには、回心による「二度目の誕生」が必要なのである。

「健康な心」と「病める魂」という二つの型の性質についてジェイムズは、「病的な心の方が経験のより広い領域に及んでおり、その眺望が拡張されている」[VRE 152] と評価する。なぜなら、悪の事実は善の事実と同じく世界の真の部分であるから、これを考慮に入れない「健康な心の宗教」は、すべての事実を含んでいないという点で不完全だからである [VRE 153-154]。また、病める魂からの回心は、危機の渦中から救われるという振り幅の大きさによって、特に重要な意味を持つことになる。テイラーはこの「二度生まれ」が、「憂鬱、悪、個人的な罪という三つの大きな否定的経験によって定義される私たちのもっとも差し迫ったスピリチュアルな諸要求に応える経験[5]」であり、ジェイムズにとっては宗教の核心となるものだと述べている。

では、これをふまえた上で、ジェイムズによる回心の分析を見ていこう。まず、回心という現象についてジェイムズが提示する定義は以下の通りである。

〔回心とは〕それまで分裂していて、間違っていて下等で不幸だと自覚していた自己が、宗教的な実在をよりしっかりつかまえた結果、統一されていて、正しく優秀で幸福だと自覚する、ゆるやかな、あるいは突然の過程を意味する［VRE 177］。

ここには様々な状況が含まれうるが、「宗教的な実在をつかまえる」という点には留意しておきたい。『諸相』では、作業仮説としてジェイムズによる宗教の定義がなされているのだが、それは、「個々の人間が孤独のなかで、何であれ神的なものと考えられるものと自分とが関係のうちにあることを理解した限りでの感じ・行為・経験」［VRE 36］というものである。

ここで言う「神的なもの（the divine）」とは、「個人が厳粛に重々しく応答することを強いられるように感じる、もっとも重要な実在」［VRE 42］であると説明されている。ジェイムズはこれを「神」としないことによって広く宗教一般に通用する構造を提示したのだが、ジェイムズの宗教論において、何らかの宗教的対象との関係が強く意識されているということは重要な意味を持つことになる。

回心に際して外部に神的な対象が置かれる理由は、ひとつにはジェイムズが収集した経験の手記にそれが見出されるということである。ジェイムズは、回心経験の際に生じる特徴的な感じのひとつとして、「より高い支配力の感覚」を挙げる［VRE 224］。また、回心の起こる条件として「まさに最後の一歩そのものは意志以外の力にゆだねられねばならず……そのとき自己の明け渡し（self-surrender）が必要となってくる」［VRE 194］と言う。自己を滅却するというのは宗教によく見られるモチーフであるが、ジェイムズの解釈では個人の意志を働かせるということは「病める」自己が決定権を持つということであって、その「真の方向からそれてゆく意志的な努力の結果、〔心の〕再編成が実際には妨げられてしまう」[VRE 195] からであるとされる。つまり、自己の意志を放棄したときに、回心は生じる。

したがって、自己が明け渡されるときに起こる回心そのものは受動的な現象であり、それを引き起こす原因は自己の外部に想定されることになる。その外部の原因が、回心経験において感じられる神的な実在だというわけである。

2 祈り

回心はまさに宗教的救済の場面であるが、救済的な経験は回心だけではない。ジェイムズが描写する宗教現象の諸相のなかで、比較的身近な事柄である「祈り (prayer)」にも回心と共通の構造が見出される。そういう意味で、祈りも一種の救済の場面とみなすことができるだろう。

祈りは宗教を通して救済を求めるときに広く見られるシーンである。ただしジェイムズは、「祈り」をより広い意味で捉え、各人が信じる神的なものとの「交流」であるとする。そして、「祈りによる交流 (prayerful communion)」によって「何か理想的なものが……他の方法では成し遂げられないような新生的 (regenerative) な効果を生み出す」[VRE 467] と述べられる。この記述からすれば、やはり祈りもまたひとつの救済の型であると言うことができる。

しかし、祈りは普通、能動的な行為であり、それもある程度形式化されたものであることを考えれば、回心とはかなり状況が異なって見える。そこで、ジェイムズの言う祈りとはどのようなものかを改めて確認したい。

神秘主義の伝統では、祈りや瞑想を、意識を神との合一へ向かわせる方法としてしばしば用いてきた。ジェイムズはその合一の意識を「神秘的状態（mystical states）」と呼び、「個人的な宗教的経験は、意識の神秘的状態にその根と中心とを持つ」［VRE 342］とする。すなわちジェイムズの見解では、「意識の神秘的状態」は本来宗教的経験が起こったときに生じてくるものであって、その状態に接近するために後から組織化された方法がいわゆる神秘主義だということになる。

したがって、祈りは方法論である以前に意識の神秘的状態に伴う態度だと言える。ジェイムズは祈りを、「神的と認められた力との、あらゆる種類の内的な交流や会話」［VRE 416］だと言う。また別の箇所では、祈りは「私たち自身を開く措置」［VRE 461n］とされ、あるいはF・マイヤーズの言葉として「開かれて真剣な待ち構えの態度」［VRE 418］という表現が挙げられている。つまり、ジェイムズの言う祈りとは、自発的に自己を開放し、交流が起こるのを待つことなのであり、このとき自己の開放を「神的な力にまかせること」だと見るなら、これは先に見た回心の場面を思い起こさせる。

回心と祈りは一見、別の種類あるいは逆方向の経験のように見える。しかしこうしてその内容をつぶさに見るなら、回心における「自己の明け渡し」と祈りにおける自己の開放は同様の事態である。そしてこれがうまく働いた場合に、「意識の神秘的状態」が生じるのだと考えられよう。

さて、ここまで見てきたように、ジェイムズの議論においては回心や祈りといった救済の経験に際して、神的な存在との出会いがある。この存在の真理性については判断が保留されているのだが、交流の経験自体は当人にとってまぎれもない事実である。したがって、考察できる範囲内では、救済の源泉を「交流の経験」に見てよいであろう。

ジェイムズはこの交流が、「能動的かつ相互的なときに現実化する」[VRE 417]と言う。しかし一見能動的な祈りも、その意味するところは自らを開くことであるから、その行為は能動的であっても、そこで生じるのは受動的な態度である。回心についても、「自己の明け渡し」という自らの行為によって受動性を生み出すと言うことができる。すなわち、回心も祈りも、受動性を能動的に生み出すという点で同じ構造を持つものであり、それは結果として、神的なものとの交流によってより高い生を得ることにつながるのである。

第2節　宗教的経験の心理学

1　意識と潜在意識

『諸相』において、神的なものが具体的にどのような存在か、そしてそれは客観的に実在するのか、という問題は議論の外に置かれている。だが、この態度を保ちつつ宗教的経験を解釈するためには、突然人格が変化するような劇的な回心のメカニズムを提示しなければならない。

この要請に対して、心理学者であったジェイムズは、回心現象を説明する意識の心理モデルを考案して提出する。こうした分析は、後の宗教心理学につながる先駆的なものであったが、「意識の場」理論やジェイムズ流の潜在意識論は必ずしも受け継がれてはいない。そこで本節では、これらの分析が宗教現象の解釈に対して持つ有効性を含めて、改めて検討したい。

宗教的経験の心理モデルを見る前に、ジェイムズの心理学説における意識論を簡単に概観しておきたい。まず基礎的見解として、ジェイムズ心理学においては、意識は実体的なものではなく「流れ」として捉えられる。『心理学』では、「誰もが自分の内的経験に属していると認めるであろう第一の主要な具体的事実は、ある種の意識が進行しているという事実である」[PBC 152-153]と述べられており、この基本的事実が「意識の流れ（stream of consciousness）」（あるいは「思考の流れ

(stream of thought)」)と呼ばれる。

この意識の流れのうちには、はっきりとした形を取る「実質的」部分と、次の形へと移り行く間の「推移的」部分とがあり、この推移的部分が従来の心理分析では見過ごされてきたことが指摘される[PBC 159-161]。また、意識のうちにはこの他にも、例えば予期の状態、欠乏の感じといった、はっきりした対象を持たない意識があるということをジェイムズは見出し、これら背景的領域が「縁暈(fringe)」と名づけられた[PBC 162-165]。こうしたジェイムズの意識論の特徴は、従来「意識」と認められてきたものが、意識全体のごく一部分にすぎないということへの注目である。このことは、潜在意識論を受け入れるための素地になっていたと言える。

心理学説としての指摘でもうひとつ注目すべきなのは、「意識はいつもその対象の一部分に対して、他の部分に対してよりも興味をひかれ、意識が考えている間ずっと対象を歓迎したり拒絶したり、言い換えれば選択している」[PBC 169]という点である。ジェイムズは意識を「流れる」ものと考えているが、その間常に観念の選択が行われ、注目する対象が変化している。この状況について瞬間瞬間の意識を断面のようなものとして空間的に把握するなら、意識を「場」のなかの力学で考えることができる。これが『諸相』のなかで「意識の場」というモデルとして展開される。

ジェイムズの言う「意識の場」には中心と周辺があり、様々な観念が「場」のなかに散在していると言う。そして「場」の中心は、その人にとってもっとも関心のある観念群によって占められている。ジェイムズによれば、ここは人間の活動の源であり、「人間の個人的なエネルギーの習慣的中心」［VRE 183］である。したがって、個人の人格はここにどのような観念群があるかによって大きく左右されることになる。

　これらの観念群は、意識が流れるなかで容易に「場」のなかを移動する。例えばある人が仕事をしているときと休暇のときとでは意識の中心にある観念群が異なるため、傍目には人格が違って見えることさえある。これを応用して考えれば、回心は、宗教的な観念群がそれまで中心にあった観念群に取って代わり、その後その状態が維持されることだと説明することができる。すなわちジェイムズによれば、「回心した」ということは、「それまでその人の意識の周辺部にあった宗教的な諸観念が、今は中央の場所を占め、宗教的な目的がその人のエネルギーの習慣的な中心をなしている」［VRE 183］ことを意味する。

　しかし回心には時として、「古い生活と新しい生活との間で瞬く間に起こる完全な分離」［VRE 201］と言われるような瞬間的で劇的なものがある。これを説明するには、より拡張した場の理論が必要となる。ここでジェイムズはF・マイヤーズ[6]の理論を採用し、意識の場の外部に、潜在意識（subconscious）あるいは識閾下（subliminal）の意識と呼ばれる領野が存在することを考慮に入れる。この領域は当人にはまったく自覚されないため、ここにある何かが意識の場に侵入してくる場合を仮定することで、自動的に書いたり話したりする現象や、催眠術の効果が合理的に解釈できると言う。

マイヤーズの潜在意識論は、ジェイムズの説明によれば、次のようなものである。

少なくともある人々においては、普通の中心とへりとを持った通常の場の意識だけではなく、さらにそこに、へりの外部、第一次的な意識のまったく外にあるものの、なおある種の意識的事実として分類されなければならず、その存在を間違いようのない兆候によって明らかにすることのできるようなものが、一群の記憶、思考、感じといった形で、付加している [VRE 215]。

この意識論の特徴は、潜在的領域をポジティブに評価しているところであり、同時代のジャネが無意識的領域を異常な断片的自己と見たこと、後のフロイトが抑圧モデルを設定したことと対照的だと言える。これはマイヤーズが精神病理的な心象だけでなく、宗教的・超越的なメッセージもこの潜在意識領域を通ってくると解釈するからである。[7] そしてジェイムズもこの見解に賛同する立場を取っている。

この領域を考慮するなら、瞬間的で劇的な回心の例も説明可能になる。つまり、潜在意識のなかで育っていた、これまで自覚されなかった宗教的意識が、通常の意識の場に急激に流れ込み、中心を占める事態だと考えるのである。この説によるなら、いかにその変化が大きいものであれ、われわれの知る範囲の科学的推論によって回心の説明が行える。

さて、このモデルは、突然人格の変わる回心を自然的な現象として説明したように見える。しかし注意すべきは、ジェイムズが決して超自然的存在を否定したわけではないという点である。

もし私たちに直接的に触れることのできるより高い霊的な働きが存在するならば、それが私たちに触れるための心理学的条件は、その力の唯一の通路を与えてくれるべき潜在意識的な領域を、私たちが持っているということであろう、と論理的に考えられる［VRE 223］。

つまり、このモデルは潜在意識を通路のようなものと想定し、その「こちら側」を理論化しているのである。そして「向こう側」の「霊的な働き」は一義的に決定されない。ジェイムズは超自然的なものが存在すると積極的に主張はしないが、一方で潜在意識的自己の「向こう側」に何らかの神的なものを想定しており、それがあるいは超自然的な神であってもかまわないというスタンスで語るのである。

2 「より以上のもの」

では、その「向こう側」についてジェイムズは何を語っているだろうか。

回心や祈りによる交流の対象は自己の外部に「神的なもの」として想定されていたことを前節で確認したが、これは実際の経験においては「高い支配力」として認識されるものである。そして『諸相』の結論部で、ジェイムズはこれを、さらに抽象化した「より以上のもの（the “more”）」という表現で示すことになる。

意識の場のモデルから見るとき、ジェイムズは、「私たちが宗教的経験において結ばれていると感じるその〈より以上のもの〉は、向こう側では何であろうと、そのこちら側では、私たちの意識的生活の潜在意識的な連続である」[VRE 457-458] と言う。すなわち、「より以上のもの」はわれわれの潜在意識的自己の「向こう側」に存在し、「こちら側」の自己と連続している。その連続性のうちでの両者の交流が宗教的経験だというわけである。

したがって、回心における「自己の明け渡し」や祈りにおける自己の開放は、意識の場から潜在意識に通じる扉を開き、「より以上のもの」に由来する「人格的エネルギーの新しい核心」が流れ込むにまかせることだと理解される。

この「より以上のもの」がもたらす力は、潜在意識を経由してくるのか、潜在意識から発生するのかが明言されていない。言い換えれば、「向こう側」が潜在意識領域の外なのかどうかの判断が保留されているわけである。このスタンスは、超自然的な解釈と自然主義的な解釈のどちらをも可能にする。[8] ジェイムズ自身、「より以上のもの」を「より高い宇宙の霊」あるいは「理想的なもの」などと超自然的存在のように表現すると同時に、一方でそれを「私たち自身の隠れた心の持つ、より高い能力」[VRE 458] と自然的に記述する場面もある。[9]

それがどちらであれ、「より以上のもの」は、ジェイムズの説明によれば「人が触れ続けることができ、彼のより低い存在のすべてが難破して砕け散ってしまったときに、かろうじてそれに乗り救われることのできるようなもの」[VRE 454] だということである。これはまさに切羽詰まった救済の場面のリアルな描写であり、救済が「より以上のもの」との交流に基づくということを強く印象づけている。

また、ジェイムズは『諸相』のなかで、「交流の過程において、エネルギーが上から流れてきて要求に応え、現象世界の内部で作用するようになる」[VRE 428] という図式を繰り返し記述している。これを第三者的視点で見るならば、理想的な救済の力が現実と接触する場面が交流経験なのだと言うこともできるだろう。

ではその「交流」とは具体的にどのようなものであろうか。先に見たジェイムズの定義によれば、祈りは神的なものとの「内的な交流または会話」であり、その交流は「能動的かつ相互的」なものであった。これらの表現から、この交流は、人と神的なものとの間で応答がなされる状況だと見てよいだろう。ジェイムズは祈りを的確に表現した例として神学者A・サバティエの著述を引用しているが、そこでは、祈りは「現前を感じる神秘的な力との個人的な接触関係に入るという、魂のまさに運動そのもの」[VRE 416] だとされている。この「運動」が相互的な交流の応答に相当すると思われる。

さてここで問題となるのは、「向こう側」を保留した状態で応答を説明できるかという点である。超自然的存在を認める立場であれば問題がない。特に経験する本人にとっては、直接の経験はどのような合理的な理論よりも説得力があり、また現実に生命力が賦活されるのであるから、神的実在との交流を疑う必要はない。

では自然主義的な解釈ではどうだろうか。これも、意識の場の構図から答えられそうである。神的なものは、通路としての潜在意識の「向こう側」に感知される。経験者はそこで通路から何かを受け取り、通路へ何かを渡すという応答運動を行っている。このとき、通路である潜在意識は、意識化されない領域である以上、当人の自覚としては自己の「外」なのである。「客体的な外観を取って当人に外部の支配であるように暗示するのが、潜在意識領域からの侵入の特徴の一つ」[VRE 458] だとされるように、潜在意識は自己にとってはすでに他者とみなしうる。[10]

したがって、仮に神的存在が実在しないとしても、すなわち応答の起点と終点が潜在意識の「向こう側」ではなく「内部」であったとしても、経験者は間違いなく他者との応答を実現していると言える。宗教的対象を見出すことは、その他者と関係を持つことであり、意識が「流れる」ものであるならば、その関係性は常に動的な運動の現象となる。このように見るなら、神的な存在を保留した状態でも、救済の現象は説明されていると言えるだろう。[11]

以上のように、「より以上のもの」が何であるかは分析の上で保留されたが、実際の宗教的経験においては、様々な具体的な姿を取った「神」が経験されるはずである。このとき、その経験をそのまま信用するとすれば、人によって神が異なるという事態になるが、それは許容されるのであろうか。この問題について、次にジェイムズ哲学の基本的態度からアプローチしていきたい。

第3節 経験と個別性

1　根本的経験論と宗教

ジェイムズ宗教論の最大の特徴は、経験の側のみから宗教を記述・分析するところにあるが、この方法は、ジェイムズ独自の哲学的スタンスと深いつながりを持つ。

ジェイムズはプラグマティズムで広く知られるが、それはいわばひとつの方法論であり、彼自身の哲学的態度を総合的に表すフレーズは「根本的経験論（radical empiricism）」である。その内容は、端的には次のテーゼで示される。

根本的であるために、経験論は、直接に経験されないいかなる要素もその構築のうちに認めてはならず、また、直接に経験されるいかなる要素もその構築から排除してはならない［WPE 1160］。

これは、世界の構成をただ経験のみから考えるという、徹底した経験論を意味する。これを踏まえてもうひとつ別の説明を見てみたい。以下は、より早い時期に表明された「根本的経験論」の説明である。

「経験論」というのは、事実の問題に関するもっとも確かな結論も、この態度は、将来の経験の行程において修正に処せられるべき仮説とみなすことで満足するからである。また「根本的」というのは、この態度が一元論の学説それ自体をひとつの仮説として扱い……一元論を、すべての経験が合致しなければならないものとして、独断的に認めはしないからである［WB/P 447］。

ここから見て取れるように、ジェイムズの言う「経験論」は、認識論上の立場というよりは、科学的方法が用いる経験主義に近い。この姿勢は、いかなる学説も永久に仮説として検証され続けるという徹底した可謬主義でもある。人間に今知られている事柄が宇宙のごく一部にすぎない、という謙虚な世界観がジェイムズ哲学の大きな特徴のひとつなのである。

ジェイムズは、概念や論理が実在の表面しか捉えられないという理解を思想の根幹としており、概念の体系化によって現実を説明しつくそうとする態度に対しては常に批判的であった。ジェイムズにとって実在とは簡単に言えば経験の全体である。概念はその部分部分に名を与えたものにすぎず、それは実用上便利であるという以上のものではない。経験は概念と概念の間にも満ちていて、その大部分は抽象化を逃れてしまうのである。そのため、いくら論理をつくしても、実在の本体は説明不能なまま残されることになる。

洞察を与えるというより深い意味においては、概念は理論的な価値を持たない。というのも、それは私たちを、〔感覚の〕流れの内的な生活〔＝経験〕や流れの方向を統制する原因に結びつけたりすることがまったくできないからである。実在の解釈者であるどころか、概念は、実在の内部をまったく否定するのである［PU 740］。

したがって、もし概念や論理と経験の事実とが矛盾するなら（例えばアキレスと亀のパラドックス）、それは概念が経験の内実を記述できないせいなのである。こうした理解に基づき、ジェイムズは、論理ではなく経験の事実が持つ威信を世界解釈の手段として採用する。ただし、概念や論理は、本来経験を他者に伝える手段として要請されるものであり、実用上の道具としては大いに利用されるべきだとされる。そして、このような概念の利用と経験の事実との折り合いをつける方法のひとつがプラグマティズムであった。ジェイムズ哲学は個人の主観的経験や具体的知覚を大切にはするものの、客観的な見方や抽象概念との調停も怠ることはなく、複数のパースペクティヴを駆使しつつバランスの取れた共通理解を目指している[12]。

さて、こうした経験的態度によって宗教現象を扱うと、絶対的な神やすべてを統一する原理を前提しないという見方が現れてくる。なぜなら、個人の経験のうちにそういったものがないからである。

実際の経験で神的なものに出会った場合、それが自分より以上の存在だと感じても、その唯一性や絶対性などは経験しようがない。むしろ出会う対象が人によって異なる以上、経験に基づいて判断するなら、「多」を認めなければならないのである。こうした方法論を用いる限り、宇宙は様々な経験の織り成す多元的なものと捉えられる。これは一見突拍子もないようであるが、われわれは実際のところ、日常の経験を場面場面で処理し、その記憶を併置しており、矛盾が現れない限りそれを統一しようとはしない。日常生活のなかでは、自分の意見をすべて一貫させることも、他人の異なる意見を合意に至るまで追及することもあまりしないものである。つまり多元論は日常感覚に一致するものであり、ジェイムズは根本的経験論を「親密（intimate）」な世界観であると主張している。[13]

根本的経験論は、知覚されたものを「表象」として事物そのものと区別するようなことをしない。つまり経験自体をそのまま実在として認めるのである。この立場は個人の意識（主観）と世界（客観）を区別しないという点でも「親密」である。実在は個人との関係において実在するのであり、それ以上の分節化は不要だということである。さらにジェイムズは、「一切形式（all-form）、一元論的な形式はよそよそしさをもたらし、各個形式（each-form）、多元論的な形式は親密さを損なわずに保つ」[PU 775] と述べ、個人的・個別的な視点が多元論に、そして親密さに直結すると述べている。

こうした根本的経験論の姿勢を宗教に適用するなら、個人と神的なものとの交流、応答はまさしく「親密」な場面であり、それは「より以上のもの」を、個々の経験において感じられたそのままの存在として認識することによって成り立つ。したがってそれは神についての多元論となる。

神的なものは単一の性質を意味することはあり得ない。それは様々な人間が交互にその擁護者となることで皆価値ある使命を見出せるであろう、一群の性質を意味するものでなければならない［VRE 437］。

この見解に伴い、一元論の神という観念は否定される。なぜなら、「唯一絶対の神」は完全な自己充足性を備えていると規定され、外部の何物をも必要としないからである。そうした点が強調されることで神は孤立した存在となり、われわれと縁遠くなり、相互的ではない存在となる［PU 641-642］。一方でジェイムズの多元論は、不完全な世界において、われわれ不完全な行為者の間に神がともに参加しているということにこそ希望を見出す。[14] つまり、一般に神は絶対的であるべきだと考えられがちであるが、経験の事実から見るならば、神に必要な属性は絶対性よりも「親密さ」だというのがジェイムズの指摘なのである。

2　救済の個別性

ジェイムズの経験論において「親密さ」が鍵であることを見てきたが、親密な関係とは、一般的な意味を取れば個人的な関係のことであろう。個人の経験から宗教を見るとき、ジェイムズは「個人」を「個人一般」という概念としてではなく、まさにある特定の個人として取り扱う。人間ひとりひとりに共感しつつそれぞれの視点から見た経験を大切に扱うことこそが、ジェイムズ哲学の真骨頂であると言えよう。

特定の生きた個人は環境や境遇だけでなく、その気質においても様々である。そのような個々の人の心には「あらゆる個々の機械や有機体と同じように、それ自身の最良の能率条件がある」[VRE 274] はずであり、ジェイムズは宗教がすべての人にとって同一ではあり得ないと指摘する。

> 人間個人個人のように、これほど異なる境遇にあり、これほど異なる能力を持っている被造物たちが、まったく同じ機能や同じ義務を持つということがどうして可能なのか、私にはわからない……各自が固有の視角から、ある範囲の事実と問題に取り組み、これを各自が独自の仕方で扱わなければならないのである。私たちのうち、ある人は自分を優しくしなければならないし、またある人は自分を非情にしなければならない [VRE436-437]。

この観点からも、「唯一絶対の神」は否定されることになる。理論的に洗練された絶対神は法則・原理としての神であり、「小売りする神ではなく卸売りする神」[VRE 441] であるから、「普遍主義的な超自然主義は……生命の諸法則を自然主義が認めているのと同じように置いておくだけで、その法則の結果が悪い場合にそれを矯正する望みがない」[VRE 465] のである。

それに対して、ひとりひとりが救われることを求めるジェイムズは、神的なものを、あくまでも個人に向き合い、その個人を救うものと考える。そしてその救済はあくまでも個別的に、その個人の私的な危機に相応しい形で与えられる、いわばオーダーメイドの救済なのである。

また、救済の価値を測るにも、その基準は個人的であるべきである。例えば回心によって救われた人を外から見ても、普通これといった目印はない。回心を客観的に評価する基準はないのである。つまり、回心の価値とは、「個人自身にとっての回心という事実の並々ならぬ重大性」[VRE 220] であり、回心の経験は「ある人間にその霊的能力の高水位点がどんなものであるかを示すのであり、これが回心の経験の重要性をなす」[VRE 237] ということになる。このことは、以下の一節に明瞭に示されている。

私たちが私たち自身の上の方の限界に触れ、私たち自身の最高のエネルギーの中心に生きるとき、私たちは、誰か他の人間の中心がどれほどより高くとも、自分は救われていると言うであろう。取るに足りない人間が救われるということはつねに大きな救いであり、その人間にとっては、あらゆる事実のなかで最大の事実であろう［VRE 220-221］。

つまり、まさにこの自分が神的存在との個別の関係性において救われた事実が重要なのである。ジェイムズは「宗教とは、いかなる宗教であれ、人生に対する人間の全体的反応である」［VRE 39］と言う。ここでジェイムズの想定する宗教のあり方は、ティリッヒがそれを「究極的関心」だとする見解に近い。[15] すなわち宗教は、ある個人がアイデンティティの拠りどころとするものとして捉えられる。

ジェイムズによれば、「宗教的生活の旋回している枢軸は……個人が自分の私的で個人的な運命についての関心を持つこと」［VRE 439-440］だと言う。このような私的で切実なレベルにおいては、「神は実在するか」という第三者的な視点はほとんど意味をなさない。ジェイムズとって宗教的真理の探究は、人は救われるのかという問いに肯定をもって答える観点からの探究とみなすことが相応しいであろう。[16]

3　過剰信念

最後に、宗教的経験における知の働きについて確認しておきたい。回心における潜在意識の「向こう側」は、多くの場合、特定の信仰と結びついて具体的な形で各人に理解される。ジェイムズはこのような理解、つまり「向こう側」の神的な存在を特定の何か、例えば聖書の神ヤハウェだと信じるようなことを「過剰信念（over-belief）」と呼ぶ。

そういった個々の宗教に固有の教義やそれに基づく具体的な表現は、誰もが共有できる範囲を越えているという意味で「過剰」である。しかしジェイムズはこれを退けるのではなく、過剰信念こそが「ある人間についてもっとも興味深く価値あるもの」［VRE 460］だと言う。学問的な分析としては宗教をいったん最小限度のものに還元する必要があるが、現実場面ではその成果の上に、「異なる個人がそれぞれその上に冒険をなすことになる、より血色のよい付加的な信仰が接木され」［VRE 451］てこそ、生きた宗教が成り立つというのがジェイムズの主張である。

宗教的な問題は何よりもまず生活の問題、高い合一のなかで生きるか生きないかの問題であるが……その賜物を実在的なものと見せる霊的興奮はしばしば、いわば個人の胸に訴えてくるある特定の知的な信念あるいは観念が触れられるまでは、個人のうちに起こってこないだろう［VRE 459］。

つまり、宗教が生きたものとして作用する際には、経験から直接引き起こされる感情の面だけではなく、知的なレベルでの認識も必要だということである。ジェイムズは論文「信じる意志」において、宗教的対象についての証拠が不十分であってもそれを「信じる」ことの正当性を主張している。それは、宗教のように「ある事実に対する信仰がその事実を生み出す助けになりうる」[WB/W 474] 場合、信じることも疑うことも「賭け」だからである。すなわち、ジェイムズにとって「信じる」ことは選択の意志を伴い、それによって宗教が本来の機能を果たすことができるという面がある。したがって過剰信念は各自の権利であると同時に、宗教的な力を駆動する源でもある。

　この講義が研究しているような生きた感覚の宗教は、ある種類の効果が本当に起こるという確信の有無と運命をともにする [VRE 417]。

　ここには、ジェイムズのプラグマティズムの考えも表れている。プラグマティズムは一般に、ある観念の意味や真理性をそれに基づく行為の有用性から定める考え方と解されている。これは間違いではないが、ジェイムズのプラグマティズムはその「行為」を人間の選択意志から生まれるものと考えるため、むしろ人間が主体的に価値を、そして真理をも創り出していくという点に強調点が置かれる。したがって、何らかの宗教を信じるという選択についても、より善い結果を生み出すことによってその宗教的命題を真理にしていく、という発想が含まれる。[17]

　このようなプラグマティズムは人間の行為から独立した神を否定し、「有限の神」という見解を要請する。多元論は神が唯一であることを否定するが、ここではその絶対性が否定されることになる。そもそも神的なものを潜在意識に連接した「より以上のもの」だとする理解は、キリスト教的伝統とは異なり、神と人との間に質的な断絶をみないということでもある。[18]そこでは神ははるか天空に住まう存在ではなく、われわれの日常のなかで、個人個人とともに働くものとして把握されている。[19]

『諸相』のある箇所では、宗教において「神的なものと私たちの間には、ギブ・アンド・テイクの関係が現実に生じる」［VRE 407］という表現がなされている。それはすなわち、「私たち自身を神の影響力に開くことによって、私たちのもっとも深い運命が満たされる」とともに、「私たちの各自が神の要求を満たすか回避するかに比例して、宇宙は、そのなかで私たちの個人的存在が構成している部分は、本当により善くもより悪くもなる」［VRE 461］という関係である。いわば、神は人間とともに仕事をわかちあい、互いに協力しながらより善い世界の創造にあたっていると解される。

したがって、個別的な救済は、ジェイムズのプログラムでは個人の主観にとどまらず、現実の世界をも変えていく。ジェイムズは「プラグマティックな宗教観」と称してその現実的な意義を述べている。

宗教は、そのもっとも十分な機能の働きにおいては、すでにどこかで与えられた事実の単なる照明ではなく、愛のように事物を薔薇色の光で見る単なる情熱でもない……宗教はそれ以上の何かであり、すなわち、新しい事実の要請者でもあるのである［VRE 462］。

それはつまりこういうことである。個人が高度に宗教的な境地にあるなら、彼は宗教的な態度を示し、宗教的な行為を行うであろう。行為の変化は主観的なものではなく、客観的な事実として現れる。それは必然的に現実世界を変化させていく。

プラグマティックな世界観は、真理を常に生成中のものだと考える。「私たちの思想は私たちの行為を決定し、私たちの行為は世界のこれまでの性格をもう一度決定しなおす」［PU 774］のである。回心経験で救われて「聖者性」を帯びた人々こそが、「善の創造者であり、作者であり、増進者」［VRE 324］であるとジェイムズは言う。そして、世界の個々の部分が改善されていくなかで、「世界の救済」が実現することを、ジェイムズは期待するのである。

さて、宗教は「神」抜きに人を救いうるのかと問うなら、その答えは両面からなされることになる。まず、潜在意識を用いた心理学モデルから考えるなら、神が客観的に実在している必要はない。その一方で、人が救われるときには少なくとも当人が宗教的な実在を見出す必要がある。それは何であれ各自が見出す「神的なもの」であり、信じることによって交流できる存在である。神的なものを信じてそれと交流することによって、救済のシステムは作動するのである。

ジェイムズの宗教論で特徴的なのはその徹底した個人主義であるが、それは個別の救済という形式を見出すことになった。先述の通り、ジェイムズによる宗教の定義では「孤独のなかで」ということが前提されている。これは宗教の社会性を無視しているというジェイムズへの批判と関係づけられるかもしれない。しかし逆に言えば人は社会的に孤独であっても、潜在意識の向こうに他者を見出し、救われることができるのである。このことは人間の「宗教によって救われる能力」の大きな価値を示している。

また、宗教が各自の経験から、神的なものとの「親密な」関係を見出すことは、同時に世界が親密なものとなることでもある。宗教は、近代文明において世界から切り離された個人の主観を、再び世界と結びつける役割をも果たしうる。ジェイムズの哲学は、人間経験と世界との親和性をこそ見出そうとするものなのである。[20]

そして、『諸相』という著作それ自体もまた、救済のひとつの手助けとなるかもしれない。

> 実際的な生活にとってはとにかく、救われるという見込みで十分である。人間性のなかで、成算を見込んで快く生きるという事実ほど特徴的な事実はない。エドマンド・ガーニーが言うように、見込みの存在が、諦めを基調とする生活と、希望を基調とする生活との差異を作るのである［VRE 469］。

これはこの著作のメタレベルの作用を象徴しているように思う。すなわち、人が救われることが可能なのだということを実例をもって示すことは、救済の見込みを提供することである。『諸相』に引用された膨大な手記は、超自然的なものの存在証明にはならないが、人間が宗教によって救われうるということを十分に実証しているのである。

第3章

道徳と宗教

英米哲学は概して自然主義的な傾向が強いが、そのなかにあってジェイムズは際立って宗教的な哲学者だと言える。しかしそれだけではなく、道徳的な哲学者だという評価もしばしば与えられる。[1] 実際、著作を読めば全体としてそのことは疑い得ないのだが、道徳そのものを論じたジェイムズの著述は意外にもほとんどない。したがって、ジェイムズの道徳論を読み解こうと思えば、このテーマを扱った貴重な論文、『信じる意志』所収の「道徳哲学者と道徳生活」を中心に据えて、『諸相』や『プラグマティズム』の記述を関連させていくしかない。

「道徳哲学者と道徳生活」でジェイムズが道徳判断の基準として挙げているのは、「できるだけ多くの要望を満足させること」[WB/M 610] である。その反面あらかじめ存在する道徳法則のようなものは否定されているため、こうしたジェイムズの立場は現代の規範倫理学の区分から見れば功利主義に属するだろう。

功利主義は現実的な計算に基づいて善悪を判断する点が世俗的な印象を与え、一見非宗教的である。しかしその一方、『諸相』では神的な理想の存在を肯定する世界観が提示されていて、ジェイムズの思想には、人間的な善と神的な善とが混在しているように見える。このことを整合的に理解することはできるだろうか。本章では、プラグマティズムの真理論を参照しながらジェイムズの道徳論と宗教論との連結を試み、ジェイムズの考える神的世界がどのようにわれわれの生活に関わってくるのかを確認していく。

第1節　道徳の根拠

1　ジェイムズの道徳論

最初に、論文「道徳哲学者と道徳生活」を読解することで、ジェイムズの基本的な道徳論を押さえておきたい。

まず、この論文では冒頭で、「あらかじめ教義的に仕上げられた倫理哲学というようなものがあり得ないことを示す」[WB/M 595]という目的が掲げられている。これは事実上、すでに存在するものとしての道徳規則を見つけて記述するという流儀への批判である。これを論じるために、ジェイムズは道徳の問題について、道徳の起源を問う「心理学的問題」、善悪や責務という言葉の意味を問う「形而上学的問題」、善悪の尺度を問う「決疑論的問題」の三つのカテゴリーを設け、段階を踏んで考察を進めている[WB/M 596]。

一番目の「心理学的問題」、すなわち道徳の起源について、ジェイムズはまず、善の希求は身体的な快と行為の連合から生じたというベンサムやJ・S・ミルらの見解を基本的に認める。これは、道徳は自然的なものであって、善の観念はあくまでも経験をもとに作り上げられるものだとする経験論的な道徳起源論である。

しかし、ジェイムズの関心はむしろ、その説明では割り切れない事象に向かっていく。抽象的な道徳感覚、例えば平穏、冷静、実直、誠実のような精神的態度が好ましく感じられるのは、「より理想的な態度がもともと純粋にそれ自身のために好まれるということでしかまったく説明がつかない」[WB/M 597] というのである。

> 純粋に内的な力がここで確かに活動している。すべてのより高い、より深い理想は革命的である。こうした理想は過去の経験の結果という形でよりも、十分に可能な未来の経験の原因という形で現れることの方がはるかに多い [WB/M 598]。

つまり、そうした抽象的な道徳感覚は、経験の結果であるというよりも、むしろ社会に影響を与えていくような原因としての性質を持つものだというわけである。その感覚がどこから来るのかについては、ジェイムズは述べていない。しかし、例えばF・バウアーはこの問題の分析のなかで、ジェイムズの『心理学原理』に「伏せられた神託」という表現の使用を認め、[2] これが道徳の源泉であり、さらにそれは神を意味すると解釈している。[3] ここはもう少し慎重な検討を要すると思われるので、次節で宗教論と重ねてもう一度考察する。

二番目の「形而上学的問題」、善悪や責務といった道徳言語の解釈は、三番目の「決疑論的問題」のための予備的議論となっている。ここではまず、善というものがそれ自体では存在し得ないという見解が示される。なぜなら、感覚し思考する存在がいない世界には善も悪も存在し得ないからである [WB/M 599]。物質的世界はただそのようにあるだけである。思考者が一人だけいても、事態は変わらない。思考者が二人になったとき、初めて葛藤が生じ、善いとか悪いとかいうべき現象が実現し、現象が実現することによって善悪の概念も存在するに至るという [WB/M 600]。

一般にわれわれは、道徳には普遍的なルールがあるにちがいないと考えがちである。しかし上記の考察からすれば、ルールどころか道徳的概念自体があらかじめ存在することはできず、それはわれわれの具体的な生活のなかで生じてくるものとみなされる。例えば「責務」という道徳的概念は次のように理解される。

> 私たちは、具体的な人によって現実的になされる要求なしにはいかなる責務もあり得ないこと、だけでなく、要求が存在するいかなる所にも責務が存在することを理解するのである。要求と責務は実際のところ、同じ対象を指す語である [WB/M 602]。

こうした理解に従い、ジェイムズの「形而上学的問題」は次の結論を得る。

> 「善」「悪」「責務」という言葉は、個々人による支えから独立した絶対的性質を意味しない。それらは、現実に生きている心の現存を離れては、存在のなかにいかなる足場も拠りどころも

持たない、感じや欲望の対象である［WB/M 604］。

道徳的概念の成り立ちがこのようなものであるなら、人間的な要求のないところに善悪は存在しない。道徳法則には居場所がないのである。したがって、道徳の尺度を問う「決疑論的問題」に入る前に、人間から独立した道徳の存在が否定されたことになる。

その上で、三番目の「決疑論的問題」には、個々の人間による要望への対処という形で答えられる。

要望されるあらゆる事柄が、それが要望されるという事実によって善であるのだから、倫理哲学の指導原理は、単純にいかなる場合にもでき、、、るだけ多く、、、の要望を満足させることであらねばならないのではないか［WB/M 610］。

ジェイムズの言う「決疑論的問題」は、現在の倫理学では人がいかに行動すべきかを問う規範倫理学のカテゴリーに相当する。規範倫理学の代表的な類型としては功利主義と義務論（または直観主義）の対立がよく知られている。前者は社会全体の幸福を最大化することを目的とする結果重視の考えであり、後者はわれわれが生まれながらに知っ、、、ている、、、道徳に従うことを志す。ジェイムズの主張は、目的が幸福や快ではないという点で典型的な功利主義とはやや異なるが、上記の道徳論には、結果から判断するという帰結主義や、効用が足し合わされると考える総和主義が表われている。これらは功利主義の大きな特徴であり、それを採用している点で、やはりジェイムズの立場は功利主義の陣営に分類されるであろう。

その一方で、先に確認したように、道徳の起源に関しては経験主義的説明では捉えられない領域が指摘されており、そこには神的な存在も想定された。このように、規範としては功利主義を採用しながら、その背景に宗教的な領域を置くのがジェイムズの道徳論の特徴と言える。功利主義は人間の価値観を基盤とする人為的な規範であるが、一方でジェイムズはより超越的な根拠をも考えている。この一見不釣り合いに見える道徳の規範と起源の両立を理解するため、次にジェイムズの宗教論から道徳について検討したい。

2 超自然的宗教論

近現代では宗教を擁護するにも自然主義的な立場を取る論者が多く、その場合、宗教的な道徳についても自然的な起源に基づいて説明されることになる。しかしジェイムズは実のところ、宗教現象を超自然的に理解している。このことは第6章で詳しく述べるが、その理由のひとつは彼の方法論である宗教的経験の分析から得られる結論である。ここではまず、ジェイムズがなぜ宗教的経験を超自然的に理解するに至ったかを確認した上で、それがどのように道徳とつながるのかを見ていこう。

『諸相』における重要なテーマのひとつは、人生が一変してしまうような回心が起こるメカニズムの解明であった。前章で見た通り、ここでジェイムズは心理学的なモデルを設定し、回心を、潜在意識的領域で育っていった宗教的観念が「意識の場」のなかに突発的に侵入し、支配的な位置を占めることだと解釈した。このモデルは、経験によって得られた宗教的観念が潜在意識内に存在することが前提である。しかし現実にはそれが疑わしい場合がある。

意識内への突入のなかには、長い期間潜在意識的に潜伏していたことを簡単には示せないようなものが時折あることを、私は率直に告白せざるを得ない……〔そうした結果は、聖パウロの場合のような〕有益で合理的な場合には、より神秘的または神学的な仮説に帰せられるべきであろう［VRE 218n］。

これは、潜在意識に保存されていたにしては過去の経験にその原因が見られないようなケースである。この状況は、道徳の「心理学的問題」で、道徳の起源を過去の経験から説明しきれないと見たことと並行的関係にあると言える。そして経験以外のどこかから信仰や道徳がやってくるとき、それは神秘的な原因によるという解釈が採用されるのである。

実際、回心者はしばしば神的な存在との交流を体験する。ジェイムズはこれを経験の事実として扱う立場を取るわけだが、交流の相手をいわゆる神であるとは断定しない。多くの証言から総合する限り、相手は自分「より以上のもの」であるのみで、経験からその絶対性や単一性は判断できない。ジェイムズはむしろ神の有限性を想定しており、キリスト教の教義とは距離が置かれている。ただし、「より以上のもの」が一般名詞的な意味合いで「神」と記述されることは少なくない。

その神的存在の機能的側面を抽象的に表現するときには、「理想的秩序」(ideal order)、「見えない秩序」(unseen order) などの表現がしばしば使われる。この「秩序」は機械的なものではなくて、未来を約束してくれるような目的論的なニュアンスを持つ。

> 神の観念は、機械論的哲学において大変流行しているような数学的観念に比べてどれほど明瞭さで劣るとしても、それに比べて少なくとも、永久に保たれるべき理想的秩序を保証するという実際的な優位を持っている [PR 532-533]。

この「理想的秩序」という概念が、ジェイムズの宗教論と道徳とを接合する鍵と言える。それが「理想的」であるからには善の観念に関係するであろうし、この「秩序」は時に「道徳的秩序」という表現もなされており [WB/S 533]、道徳とのつながりが推測できるからである。さらに、『諸相』では宗教的意見の価値を判断する際、「道徳的有用性」が利用可能な基準として挙げられており［VRE 25］、これは、宗教的経験すなわち「より以上のもの」との交流が結果として善をもたらすということを示唆している。

先に見たように、宗教的経験のいくつかはその原因が心理学モデルでは説明しきれないところに想定されており、抽象的な道徳の起源が経験の連合からでは説明できないこととパラレルな関係にあった。つまり、ジェイムズが道徳の起源として想定するものも、この「理想的秩序」である可能性は高い。

だとすれば、この秩序と道徳の規範との関係はどうなるだろうか。『諸相』には、次のような記述がある。

> 宗教生活は、見えない秩序が存在しているという信念、そして、私たちの最高の善はその秩序に私たちが調和的に適応することにあるという信念から成る［VRE 55］。

ここには、少なくとも宗教者にとっての善は神的な「秩序」に従うことであるという、古典的な宗教的道徳観が見て取れる。しかし、「道徳哲学者と道徳生活」では、人間から独立した道徳原理がはっきりと否定されていた。これを考え合わせるなら、「秩序」は何らかの道徳性を持っているが、その道徳性は人間と離れて存在するのではなく、人間との関係のなかでのみ表われるということになる。

このように、ジェイムズの道徳論と宗教論の関係は図式的に理解するのが難しい。そこで次に、これを整合的に理解する手がかりとしてプラグマティズムの思想を考慮に入れたい。

第2節　プラグマティズムと道徳

1　プラグマティックな真理

真理性を判断する基準としてのプラグマティズムについては第1章で述べたが、ここでも表現を変えつつ確認しておきたい。

一般的な真理論においては、ある観念の真偽は、その観念自体のなかにあらかじめ含まれていると思われてきた。しかしプラグマティズムでは、真偽が観念のなかにではなく、行動のなかにあると理解する。つまり、その観念に基づいて行動したとき、結果がうまくいけば真であると判定されるのである。プラグマティズムはいつも行動による検証を求め、結果にしたがって真理を変更していくという姿勢を取る。

この考え方は、真理というものの捉え方を根本から変更することを求める。真理が動的なもののとみなされるからである。ジェイムズは検証することが真理の生成であるということを強調している。真理性は常時更新され続ける。そのようなものを人は真理と呼ぶのであって、それに先立つ「絶対的真理」というものは、人間にとっては極限概念であり、存在するともしないとも言えないのである。

さて、ジェイムズはこのプラグマティズムを宗教論にも積極的に適用する。プラグマティズムの原理によって宗教の正当化を論じる文脈は彼の著作中に数多く見られる。

宗教の効用、宗教を持つ個人へのその効用、その個人自身の世界への効用、これらは宗教のなかに真理があることの最高の論拠である……真であるものとは、うまく働くもののことである［VRE 411］。

神の仮説は、それがその語の最も広い意味で満足に働くならば、真なのである［PR 618］。

ただし、ここでは宗教的真理も常に検証にさらされるものと捉えられる。個人や社会のあり方に矛盾や衝突を引き起こさない限りにおいてそれは真なのであって、例えばある教義が現実と折り合わない場合には変更が要求される。このことは伝統教団のような組織的宗教にはなかなか困難なことかもしれないが、歴史的に見れば、実際に神の理解は時代の風潮に合った形で変更されてきているのである［VRE 300-301］。

ところで、ジェイムズのプラグマティックな宗教観は神の絶対性・普遍性を否定する。プラグマティズムは人間の行動によって真理が生まれると考えるため、真理は神の持ち物ではなく、人間との相互作用のなかにしか存在しない。ジェイムズの解釈では、回心のような救いの現象も人間の側にそれを受け入れる条件が備わっていて初めて起こるのである[4]。

こうした構造から敷衍すれば、道徳的真理もまた、神と人間との関係性のなかにのみ存在するのであって、神が所持していて一方的に指令するような形式のものではないと考えられる。神と人間との交流から、道徳は現実化され、そののち概念化される。ジェイムズの宗教的道徳論はこうした状況把握から生まれてきていると理解できよう。では最後に、こうした世界観をもとに、ジェイムズの道徳論を再解釈してみたい。

2　道徳判断と「理想的秩序」

人間と神との関係、そして善悪の問題について、次のような記述がある。

私たちと神とは互いに取引関係をもっている。そして私たち自身を神の影響力に開くことによって、私たちの最も深い運命が満たされる。私たちの各自が神の要求を満たすか回避するかに比例して、宇宙は、そのなかで私たちの個人的存在が構成している部分は、本当により善くも、より悪くもなる［VRE 461］。

ここでも道徳の源泉は「神の要求」であり、その要求に応えることが善であることが示唆されている。先述の通りジェイムズの見解の特徴は、神と人間との間にギブ・アンド・テイクの関係を見るところにある。神は人間の行為を必要とし、人間が要求に応じて行動したときに初めて善が世界に生み出されるのであり、善の実現は神と人間の協働作業なのである。

神が「要求」を伝える手段は、ジェイムズの立場からすれば、聖典のような書物ではなく宗教的経験ということになる。しかし、直接の啓示としての宗教的経験はまれにしか起こらない。そしてそれはしばしば言語化が困難な内容を持つ。この状況では、道徳的な判断について神に問うことは不可能である。つまり、日常における個々の道徳判断は人間が行うしかないのである。そして、人間的な基準で判断すると割り切った場合、功利主義は十分に有効であると考えられる。

功利主義にはもちろん欠点もある。いわゆる功利計算がそもそも本当に可能なのかは問われるべきであるし、また全体の利益という視点からは不平等が根絶できないという原理的な問題もある。しかし、道徳規則に発展性があるというのが功利主義の利点である。ジェイムズは、科学と同じように道徳も試行錯誤を繰り返すなかで合意を作りつつ発展するものと考えている。プラグマティズムに従うなら、道徳判断はその結果満足な状態をもたらしたかどうかを検証される。そのことによって、より善の方向へ向かうという動因が常に含まれることになる。科学的真理と同様に、道徳も動的なものとみなされるのである。

もちろん、この方法は人為的なものでしかないため、人間が善いと判断することが、人間以外の生命をも含めた宇宙全体にとっても善いかどうかを確かめるすべはない。しかし神的な秩序が人間と相互関係を持つものであるならば、それぞれの理想が重なり合う可能性は十分にある。

人為的な道徳と神的な道徳が交差する場面が宗教的経験であり、それはまた、回心を経た宗教的天才を通して、まったく新しい善の形態をもたらすことがある。[5] それまで誰も考えつかなかった、あるいは誰も実現できるなどと思わなかったことが、宗教的経験の結果可能になるケースが実際に存在する。つまり神的な力は、はるか昔道徳の起源となったというだけではなく、今も断続的に介入してくるのである。こうした新しい価値もまた、プラグマティックな検証を経て人間社会に組み込まれていく。プラグマティズムは常に可能性に開かれた思想であるため、道徳にもいまだ知られていない見解の出現が見込まれる。ジェイムズは、人間的な道徳が神的な「理想的秩序」の働きとダイナミックに相互作用しながら発展しつつあるような道徳的宇宙を示唆しているのである。

ジェイムズは宗教的経験の分析から、神的存在である「より以上のもの」とその超自然的な働きとしての「理想的秩序」を推定した。そしてそれを道徳の起源としても捉えていると見られる。この「秩序」は人間の世界に重なって存在する、より高い次元のものと想定されており、人間と直接に関係しているものの、認知することはできないものであると言う（詳しくは第6章を参照）。したがって、人間は自ら道徳判断を行うしかなく、道徳規範を実用化する以上、功利主義が妥当と判断される。しかし、神的な力の介入は時折あり、その経験をも含めた総合的な検証が常に求められる。その結果、いわば人間によるボトムアップの善と、神的なトップダウンの善とが一致することが理想とみなされることになる。

このような見解は、まず、人間の努力と相互調停がそのまま確かな道徳的価値を持ち、世界の改善に役立つことを保証する。これは功利主義の利点である。またその一方で、超越的な「秩序」を想定することによって、独善的になりがちな人間の価値観を相対化する視点も持つことができる。これは伝統的な宗教的道徳観の利点である。ジェイムズの道徳論は、プラグマティズムを介在させることによって、人間的基準と神的基準の両立を可能にし、これらの利点を併せ持つヴィジョンを示していると言えないだろうか。

第4章

ジェイムズとダーウィン主義

第1章ではジェイムズと科学の関係を様々な面から確認したが、十九世紀の科学理論のなかに、特にジェイムズの思想にダイレクトな影響を与えたものがある。それはチャールズ・ダーウィン（Charles Darwin, 1809-1882）の進化論である。周知のように、ダーウィンが提示した生物進化についての理論は、科学界にとどまらず、思想界にも多大な影響を与えた。なかでもプラグマティズムは、十九世紀の英米圏において、リアルタイムでダーウィンの影響を受けて生まれてきた哲学であると見られている。

プラグマティズムは一八七〇年代に活動がなされた「形而上学クラブ」を出発点とする。このメンバーは、パース、ジェイムズを含めて等しくダーウィンの理論をよく理解し、自身の思索の刺激としていた。プラグマティズムの土台となる人間観は、環境との相互作用のなかで行動する存在というものであり、人間精神や認識、概念などは環境への適応の結果だとみなされる。[1] また、人間は生物種と同じく集団として考えられるため、こうした知的作用は協同のための道具と捉えられることになる。そして、概念の真理性も一種の適応であり、それは選択を受けながら変化し続けるものとみなされる。

したがって、こうしたプラグマティズムを大きく採用するジェイムズの哲学にも、ダーウィン的なモチーフは様々な形で持ち込まれている。ジェイムズの著作では様々な場面で進化の概念が重要な位置を占めているが、その進化観は明確にダーウィン主義であった。「進化論」自体は必ずしもそのままダーウィンの理論を意味するものではない。ダーウィン以前にはラマルクの進化論が知られていたし、当時の思想界においてはハーバート・スペンサー（Herbert Spencer, 1820-1903）の社会進化論が大いに支持されていた。しかし、ジェイムズの用いる進化の概念は、常にダーウィン的なものだったのである。

ここで少しダーウィンの理論を確認しておこう。ダーウィンが主張したのは、生物種は個々に創造されたものではなく、原始的な生物から枝分かれ的に進化してきたものであるということであり、その原理として提示されたのが自然選択（natural selection）であった。自然選択とは、自然界における生存闘争のなかで、生存に有利な特性を持つ個体がより多くの子孫を残すことによって、しだいに種が変化していくというメカニズムのことである。

この理論自体は純粋に科学的なものであるが、その後ダーウィンの理論が様々に利用されてきたことから、現在「ダーウィン主義（ダーウィニズム）」という場合、それは非宗教的で唯物論的、あるいは資本主義的な「強者の論理」というイメージを伴うものとなってきている。こうしたニュアンスは、宗教を擁護し、ひとりひとりの人間の生を重視するジェイムズの思想とは調和しないように見える。

そこで本章では、ジェイムズが一見似つかわしくないダーウィンの理論をどのように理解したのか、そしてそれが彼の哲学においてどこに位置し、どのような効果を生むことになったのかを確認していきたい。このことは、ジェイムズが科学理論と宗教的信念とをいかに調和的に理解していたかということの具体例を提供することになるだろう。

第1節　ジェイムズのダーウィン解釈

1　変異と選択

ジェイムズがダーウィンについて直接言及し、その理論を大きく採りあげている著述は、『信じる意志』所収の論文「偉人とその環境」である。ジェイムズももちろん自然選択という概念に共感を示すのだが、それだけを強調しがちな一般のダーウィン主義者とは趣を異にしている。ではその独特なダーウィン解釈とはいかなるものであろうか。

「偉人とその環境」は、次のような一文で始まっている。

一方では社会進化の事実、他方ではダーウィン氏によって詳説されたような動物学上の進化の事実、この両者の間には、これまで指摘されてこなかったと思える、ある注目すべき対応関係が成り立つ［WB/G 618］。

つまり、ジェイムズはダーウィンの進化論とのアナロジーで、人間社会を論じようとしているのである。ただし、その議論はいわゆる「社会ダーウィニズム」[2]とはまったく異なる方向性を持つ。

この論文でジェイムズが強調するのは、以下の点である。

> 私たちがある動物か人間を見て、良いにしろ悪いにしろそれが何か並外れた特性を持っていることによって他の同類から見分けられる場合、私たちはその動物や人間のうちに、その特性をそもそも生み出した原因と、生み出された後にそれを保つ原因とを区別することができるだろう……このことを理解し、それにしたがって研究を進めたことは、ダーウィンの勝利に至った独創性である。特性を生み出す諸原因を「自発的変異の傾向」という題目のもとに切り離し、それを生理学の系統にまかせて直ちにまったく無視するのを認めることによって、彼は保存の諸原因に注意を限定し、自然選択と性選択の名のもとに、それをもっぱら環境の系統の機能として研究したのである［WB/G 622］。

ここで言われていることは、換言すれば、「進化」という現象には、**①何らかの特異性が自発的に出現する ②その特異性が保存され定着する**という二段階が考えられなければならないということである。その上で、①の原因に関してはそれ以上追究することを放棄し、②に関して自然選択という原理を用いて解釈したのがダーウィンの行ったことだというのである。

通常われわれは、ダーウィンの進化論を②に関してのみ理解しがちであるが、ジェイムズは①

と②を切り離したその行為を極めて高く評価している。ジェイムズによれば、ダーウィン以前の進化論者は一時的な変異（今日の言葉で言えば「獲得形質」）をそのまま進化の原因と見た。それに対してダーウィンの功績は、「これら直接の順応によって生み出された莫大な変化、私たちには知られない内的な分子の偶発的出来事によって生み出されている極めて膨大な一群の変化にまったく意義がないと示したこと」[WB/G 623]であり、「目に見える環境が動物に与える諸々の影響を研究する際、私たちが扱わねばならない真の問題を明確にしたこと」[WB/G 623]であった。そしてその真の問題とは、「動物が生まれ持ったあれこれの特異性によって、環境はその動物を保存するか破滅させるか、どちらがよりありそうなことか」[WB/G 623]、つまりは自然選択の現象だということになる。[3] 論文「偉人とその環境」はこのように、変異と選択の分離というダーウィン理解を基盤としており、このモチーフは論文中で何度も繰り返されていくことになる。

さて、「偉人とその環境」では、スペンサー流の社会進化論が批判されているのだが、その矛先となっているのは、環境が必然的な機構によって個人の特性を生み出しているという思想である。この場合、個人の存在は環境の一部にすぎないことになる。これに対してジェイムズの見解では、独自の個人を生み出すような変異の原因は環境にあるのではなく、それは自発的なもの、偶然的とも言えるものになる。

なぜフェニキア人は知性においてギリシア人を凌駕しなかったのだろうか。いかなる地理的環境も、ある特定の型の精神を生み出すことはできない。環境にできるのは、偶然に生み出されたある型を育成し助長させること、そして他の型を阻止し挫折させることだけである。もう一度言うと、環境の機能は単純に選択的であり、明確に相容れないものを破滅させることによってのみ、何が現実に存在していくかを決定するのである [WB/G 634]。

このように、ジェイムズの見解では環境の役割が限定される。環境が行うことができるのは「選択」、つまり、偶然に生まれたある型の人間を維持するか、しないかだけなのである。

2 個人の重要性

こうしたダーウィン的社会進化論を示すなかで、ジェイムズの議論は特定の偉大な「個人」がいかに重要かという方向に進んでいく。

私たちの問題は、社会を時代から時代へ変化させる原因は何か、ということである……私はこの問題に対してこう答えよう。時代の相違は個々人の影響、個々人によって示された実例や独創や決断による諸々の影響の積み重ねに由来すると [WB/G 619]。

ジェイムズが言う生物進化と社会進化の対応関係は、この点においてとりわけ強調される。つまり、ダーウィンが環境に出現する変種に注目した方法を社会に適用し、変化の最初の事例に注目するわけである。ここで、生態系において進化のきっかけとなる変種は社会における傑出した個人に見立てられている。

偉人を生み出す原因は、社会哲学者にまったく近づき得ない領域のうちにある。彼は天才を所与として単純に受け入れなければならない。それはちょうどダーウィンが自発的変異を受け入れたのと同様である。これらの所与がもたらされるとき、ダーウィンにとってと同様、社会哲学者にとっての唯一の問題は、環境が偉人にどのように影響し、また偉人が環境にどのように影響するか、ということである。さて、目に見える環境と偉人との関係は、全体としてちょうどダーウィン哲学における環境と「変異」との関係である、と私は主張する。環境は主に受け入れるか拒否するか、保存するか滅ぼすか、つまり彼を選択する。そして、偉人を受け入れ保存する場合にはいつでも、環境は彼の影響でまったく独自かつ独特な仕方で変更を受けることになる。彼は酵母として働き、環境の構造を変える。それはちょうど新しい動物学上の種の出現が、それの現れる地域の動植物の平衡を変えるのと同じである [WB/G 625]。

ジェイムズによれば、社会の進化は、偉人が自然発生的に生まれてきて、環境がその偉人を保存する、つまり選択することによって起こる。そしてこの記述では、変異と選択の区別に加えてもうひとつのアナロジーが持ち込まれている。それは偉人が環境を変えるという事態への言及である。ダーウィンの理論によれば、変種が生じてそれが環境に選択された場合、それは新しい種の発端となり、その新しい特性が環境に組み込まれることで新しい生態系が生み出される。これと同様に、選択された偉人は社会に新しい特性を生み出しつつ社会を変化させていくというのである。

したがって、ジェイムズのダーウィン的社会進化論は、**①偉人が自然発生すること ②その個人が社会環境による選択を受けること ③その個人によって社会が変わること**の三段階の構図を示していると言える。

これがダーウィン解釈として正当かどうかは微妙なところである。個人の自由意志が世界を変えるというのはジェイムズ哲学において頻出する主題であるから、ここではジェイムズがダーウィンを拡大解釈していると見ることもできるだろう。ただし、ダーウィンも、新たな種を生み出すに至る最初の変種を「発端の種（incipient species）」という言葉で呼んでおり[4]、個としての変種がいずれ環境を変えるという構造はダーウィン説を逸脱してはいない。

さて、生物の変種が持ち込むものが身体の構造や機能であるなら、偉人が社会に持ち込むものは新しい「価値」であると言えそうである。

私たちが光と闇の対照を楽しむにはレンブラントの、独特の音楽効果を楽しむにはワーグナーの教えを受けなければならない。ディケンズは私たちの感傷に、アーテマス・ウォードは私たちのユーモアに新しい様式を与えてくれる。エマソンは私たちのうちに新しいモラルの光を灯してくれる。しかしそれは、コロンブスの卵のようなものである。[WB/G 628]

そこで、ジェイムズの採りあげた①②③の要素をまとめると、次のようになる。

社会進化は完全に区別される二つの要素の相互作用の結果である。そのひとつは個人であり、彼の特異な才能をもたらすのは生理学的で社会以下の働きであるが、主導し創始する力はすべて個人の手に収められている。もうひとつは社会環境であり、その力は個人とその才能とを採用あるいは拒否するものである [WB/G 629]。

こうして、社会に新しい価値を持ち込む機会はすべて「個人の手に」あるとされる。「偉人とその環境」の主張は、世界が必然によって進化するのではないということである。ジェイムズによれば、偉人が偶然的に誕生し、その偉人が選択され、その個人がいかに行動するかということこそが社会の変化を引き起こすのである。

3　ダーウィン主義とジェイムズ哲学

ここまで見てきたように、ジェイムズのダーウィン解釈は、一般的なダーウィン主義者と重点の置き方が異なるものの、その進化観に関しては忠実にダーウィン的である。

E・ブレドはこのことに関して、進化論をめぐるジェイムズの時代の状況から解釈を行っている。[5] 十九世紀は、進化論を受け入れる準備のできていた時代とも言われているが、ブレドによれば、同じ「進化論」でも大きな三つの潮流、すなわち新ヘーゲル主義、スペンサー主義、ダーウィン主義があったという。[6] ジェイムズの思想的傾向からすれば、このなかで受け入れ可能だったのはそもそもダーウィン主義しかないと言えるだろう。なぜなら、自由意志が存在すること、とりわけ「個人」が自由意志により行動を決定することで世界の様相を変化させるというヴィジョンは、ジェイムズ哲学の根幹だからである。新ヘーゲル主義およびスペンサー主義は目的論的かつ決定論的であり、いずれも個人を軽視する傾向を持つ哲学であって、ジェイムズがこれらに共感することはあり得なかったと言える。[7]

また、ジェイムズは宗教と科学との関係を調和的に考えており、常に両者のバランスを取ろうとしていた。例えば『諸相』は、極端な科学主義と極端な宗教的教条主義の両者に対して批判的なスタンスの著作となっている。したがって、科学的な装いに偏ったスペンサー主義、宗教性に接近しすぎる新ヘーゲル主義の両者に対抗する必要もあったのである。[8]

以上は消極的な意味でのダーウィン主義の支持材料であるが、もちろんダーウィンへの積極的な共感も強く存在していた。ブレドの整理したダーウィン主義の三つの要点を軸に、そうした部分を確認したい。

第一に、ダーウィンは「種が進化する」ということを恒常的な現象と考えた。つまり変化は特別なことではなく、それが常態なのである。言い換えれば、ダーウィンは「〜であること(being)」と「〜になっていくこと(becoming)」の優位性を逆転させた。[9] このことはジェイムズの基本的なヴィジョンとまったく一致している。ジェイムズの心理学もプラグマティズムも、固定した概念よりも推移や恒常的変化を本質と見るものだからである。

第二に、変異と選択の原理は、それ自身宗教と科学、両方の教条主義から脱しているとも言える。まず、ダーウィンの理論に従うなら創造主は必ずしも必要ではないことになる。また一方で、進化現象が偶然性を孕む点ではニュートン的な機械論とも異なっているのである。[10]

第三に、ダーウィンは種を類型としてではなく、集団として捉えた。つまり種は特定の本質を持つものではなくて、様々なヴァリエーションを持ちつつ、平均としてある特性を持つものと考えられたのである。[11] このヴィジョンでは個々の個体はそれぞれ独自の存在であることができる。ジェイムズもまた、様々なヴァリエーションを持つ人間が、なだらかに連続的に並存するという立場を取っており、[12] 個人の重要性を説くにもダーウィンの説はうってつけだったのである。

このように、ダーウィン主義の諸特徴はジェイムズのものの見方に極めて近いものであり、彼が積極的にダーウィンを引用し、あるいはその影響のもとに思想を発展させたことは、ある意味で当然のようにも思われる。

第2節　ジェイムズ宗教論とダーウィン主義

1　『諸相』とダーウィン主義

一般にダーウィンの説は宗教と衝突しがちだと見られるが、それはなぜだろうか。まず直接的にはキリスト教における創造の問題がある。この点は現在も論争を呼んではいるものの、カトリック教会では進化論を事実上許容しており[13]、プロテスタントにおいてもバルトやブルトマン、ティリッヒなどの神学者は科学理論である進化論を信仰とは無関係として承認している。要は聖書の記述をどの程度文字通りに受け取るのかという解釈の問題であり、ここで進化論と宗教は必ずしも決定的に対立はしない。

また、ダーウィンの理論は神的な目的を欠いた殺伐とした世界観を提示しているようにも見えるが、これも必然的に導かれる結論とは言えない。目的という概念は意外に複雑なものであり、進化論を認めることは必ずしも目的論の否定につながるものではない。[14] あるいは神の意図や行為を人間には理解できない次元のものと見ることも可能であり、さらにはジェイムズのように神を有限な存在と見るならば、進化論と世界の神性は矛盾しない。

とはいえ、少なくとも一般イメージとしては、ダーウィン主義と宗教との相性が悪いことは確かである。それにもかかわらず、ジェイムズは宗教を正当化する目的にも進化論を積極的に用いる。これはいかにして可能なのだろうか。

『諸相』の冒頭の章では、宗教についての「存在判断」と「精神的判断」とを区別すべきだという議論が展開されている。「存在判断」とは、本性や起源を問う判断であり、「精神的判断」は価値や意義を問う判断であるという。この両者はどちらも「他方から直接的に演繹され得ない」[VRE 13] 判断であるから、それぞれ独立に考えられなければならないのだが、宗教については両者の区分が不十分であったとジェイムズは主張する。彼はこの二者を分けることで、宗教的経験が神経疾患に由来するものにすぎないという批判、いわば「医学的唯物論[15]」[VRE 20] に応えようとする。つまり、宗教の果実はそれがどのような原因でもたらされるかではなく、どのような価値を持つのかで判断されるべきだというのである。

H・S・レヴィンソンは、この二つの判断がダーウィンの二つの原理、「自発的変異」と「自然選択」に相当すると指摘している。[16] つまり、宗教的経験がもたらされる原因は、生物に変異がもたらされる原因と同様に追究を保留し、そこに端を発する宗教現象が価値を持って保存されてきたことこそが注目すべき点だというわけである。ここでジェイムズは、ダーウィンの構造を利用することによって「医学的唯物論」に対抗し、宗教の正当性を擁護していると見ることができる。

また、『諸相』全体にわたる特徴的な記述の仕方に、「宗教的天才」[VRE 15]の手記を材料として宗教現象を分析しているという点がある。ここには、先述の「偉人」に関するダーウィン的理解が背景としてあるだろう。[17]宗教の社会的展開には宗教的な偉人こそが重要だという主張である。つまり『諸相』という著作は、変異と選択の区別、そして変種たる偉人の重要性の強調という構造のもとに書かれているのであり、「偉人とその環境」で述べられた社会進化論がそのまま宗教現象に適用されたものだと言えるのである。

2 聖者

宗教的な意味での社会進化の現場は、人間の宗教性を体現した存在、いわゆる「聖者」たちによる活動と、社会によるその選択であろう。それゆえ『諸相』では聖者性についての記述的分析、およびその価値の考察にかなり多くのページが割かれている。ここでは聖者たちが社会進化のきっかけになることが、やはり強調される。

実利上、聖者的な一群の性質は世界の福利にとって不可欠なものである。偉大な聖者たちは直接の成功であるし、より小さな聖者たちも少なくとも先触れであり先駆者であって、彼らもまたおそらくより善い世界の秩序のパン種なのである［VRE 340］。

聖者の慈愛が社会進化において果たす一般的機能は、極めて重大で本質的である。そもそも物事が上向きに動くには、誰かが進んで最初の一歩を踏み出し、そのリスクを引き受けなければならない［VRE 325］。

しかし、影響を及ぼすには、まず社会に「選択」されなければならない。聖者は選択されるような生存への有利さを持っているだろうか。実際のところ彼らには世俗的な価値は少ないように見える。宗教的人間はいつも社会に適応しているわけではなく、聖者性の分析においても、行きすぎた性向のマイナス面は多く指摘されている。この不適応性の問題をどう考えるべきだろうか。ここで興味深いのは次の記述である。

聖者は、抽象的には「強者」よりもより高い型の人間である。なぜなら、そうした社会がそもそも具体的に可能か否かはともかく、彼は考えうる最も高い社会に適応しているからである［VRE 339］。

この議論では現実への不適応が理想への適応へとダイナミックに転回させられている。そしてそれは聖者性の特徴である慈愛や純粋さを考えるならば、それなりの妥当性を読者に感じさせるであろう。

ここでジェイムズは、ダーウィン主義が必ずしも強者の論理につながるわけではないという視点を提供し、それによって宗教の価値を主張している。一見強い者が、最も善く適応した存在とは限らない。言うなればここでは、適応、価値、そして生存というものも問い直されていくことになる。

3　選択と生存

ジェイムズはダーウィンの説を支持し援用するなかで、当然自然選択の理論も肯定する。では聖者たちはどのようにして選択のプロセスを生き残るのだろうか。この点に関しては、例えばジェイムズ最初期の論文「スペンサーの心の定義についての所見」に次のような記述がある。

常識的な人間はそのような〔生存だけが欲求であるような〕人々を考えるだけで仰天してすくみあがるだろう。なぜ普通の考えはこのような存在を忌み嫌うのか。それは単純に、常識にとっては、生存は多くの関心のなかのただひとつにすぎないからである。生存はそのなかで首位かもしれないが、やはり同等のものごとのうちにある。これらの多くの関心とは何か。多数の人は、それは生存を得るに値するものたらしめるすべてのものだと答えるだろう。社会的愛情、あらゆる多種多様な遊び、芸術のぞくぞくする暗示、哲学的観想の歓喜、宗教的感情の安らかさ、道徳的自己是認の喜び、空想や機知の魅力、こうしたものの一部あるいはすべてが、単に存在するという観念を許容するためには絶対的に要求されるのである。そして特殊な能力によってこうした欲求を満たしてくれる人々は、彼らの心的気質が別の点で嘆かわしいほど外的世界に不「適応」であったとしても、仲間たちによって守られ、生存が可能になる[RS 899]。

ここで述べられているのは、まず、「生存」は人間にとって唯一の関心事とは言えないということ、そして他の関心事の価値は、人間集団のなかで選択され保存されるということである。つまり人間社会においては、選択の基準は多様なのである。「社会的存在としての個人にとっては、その仲間の関心は彼の環境の一部」[RS 899]であって、例えば宗教性が多数の人々の関心であるとき、聖者の傑出した特性は、ただそれだけで保存されるに値することになる。

また、社会においては「生存」の意味も多義的となる。

実に多くの環境があり、実に多くの適応の見方があるとき、どのようにして成功を絶対的に評価できるだろうか。絶対的に評価することなどできはしない。判定は、とられた観点によって変わってくるだろう。生物学的な観点からすれば、聖パウロは失敗であった。なぜなら彼は打ち首になったからである。しかし彼は、より広大な歴史の環境にすばらしく適応したのである[VRE 340]。

つまり、仮に個人が生存に失敗しても、彼の影響が社会を変えるなら、その新しい特性は生存していると言うことができるのである。

こうした理解においては、生物進化とのアナロジーは崩れ始めているようにも見える。しかし、これはアナロジーであって、ジェイムズは生物進化の原理をそのまま社会進化の場面に持ち込もうとしているのではない。ジェイムズが多くのダーウィン主義者と異なるのは、生物の進化現象を規範的に捉えていないことである。[18] つまり、生物が生存に有利な特性によって生き延びるということを、社会のあるべきモデルだとみなしてはいないのである。

ダーウィン理論の論理的骨格のみを取り出すなら、「生存」は長い時間存在し続けることだけを意味している。聖者たちの示した宗教性が歴史上長く存在し続けることは、それが社会環境に適しているということであり、宗教の正当性はそのことによってのみ主張可能になる。

私が提案するのは、簡単に言えば、聖者性を常識によってテストすること、人間的な基準を使うことである……それは、人間的に不適応なものが排除され、人間的にもっとも適したものが生き残る、ということが宗教的信念に適用されたものにほかならない。そして私たちが歴史を率直に偏見なしに見るならば、結局どの宗教もこれ以外の方法で確立されたことも証を立てたこともないと私たちは認めなければならない［VRE 303］。

しかも、この選択のダイナミズムはどこまでも続くものである。ダーウィンの説では種が変化し続けることは本来的なことであり、ジェイムズにとってはあらゆる価値が選択の対象となって変化し続けることが本来的となる。したがって宗教もまた進化の対象となる「経験的進化の果実」［VRE 300］であり、社会のなかで更新され続ける価値なのである。

一般に強者の論理と見られがちなダーウィン主義であるが、ジェイムズはそこに個人の重要性を見出し、個人ひとりひとりの生を大切にする視点を導入した。宗教を進化させるのは宗教的天才であり、彼らは仮に弱い存在に見えても、選択の多様な基準のなかでは、生き延び、より高い社会に適応することができる。

ダーウィン主義が強者の論理となり、宗教と馴染まないのは、生物の生存闘争を文字通りに規範とするためなのであって、ダーウィンの論理自体は宗教と相容れないものではない。このことを、ジェイムズはその哲学によって例示していると言える。

4 価値の進化

ここまで見てきたように、ジェイムズが進化論を援用するときには、個人の重要性を重視する独自の見方が特徴的である。しかしその一方で、時折比較的素朴な形で進化論が扱われているように見える場面がある。それは、人間の宗教性などの「価値」を対象にする場合である。

先に引用したなかでも、聖者的な性質が「より善い世界の秩序のパン種」であるとか、「物事が上向きに動く」といった表現があり、宗教的価値が社会の選択によって必然的に高まっていくことが前提とされているように見える。こういった点では、ジェイムズの見解は一般的なダーウィン主義にかなり近い。これはどういうことであろうか。

L・マクグラナハンは「偉人とその環境」と『諸相』の聖者性の記述とで、ダーウィン説の扱い方がやや異なっており、後者には社会生物学的な説明すら見られると指摘しているが、その上で、この別種のダーウィン理解はあえて両方が使用されているのであって、それはジェイムズの「多元的な精神」によるものだと注釈している。[19]

ここで言及されているのは、今問題にしている価値の進化とはまた別のことである。しかしこうした指摘から、ジェイムズがダーウィンから受けた影響にいくつものパターンがあり、それが様々な形で随所に表れて来るということがわかってくる。

したがって、人間社会を対象とするときと、価値を対象とするときとでは、ダーウィン理解の異なる部分が援用されていると考えるのが妥当であろう。そして、ジェイムズがダーウィン主義に潜む危険性をどの程度意識していたかは不明だが、強者の論理につながりかねない素朴な進化観は価値の問題に限定されている。

また、価値の進化については、選択の物差しとなる「善い」あるいは「高い」という価値観自体が社会の選択によって変わっていくものと考えられているため、そこに一直線の進歩は想定されていない。さらに、ジェイムズは多元論者であり、選択によって維持される価値も単一性に収束するものではなく、常に多数性を保つものと思われる。ジェイムズがより善く、より高くなる価値を進化論に乗せて論じていることは確かだが、そのヴィジョンは決して単純なものではないと見るべきである。

第3節 プラグマティズムとダーウィン主義

最後に、ジェイムズのプラグマティズムとダーウィン主義の関係を見ておきたい。ジェイムズが大いに普及させたプラグマティズムであるが、これは論者によって少しずつ様相が異なる。ジェイムズのプラグマティズムには、方法としての側面と、真理論としての側面がある。方法としてのプラグマティズムについては、パースが定式化したものと基本的には変わりがない。すなわち、観念の意味を知るためには、その観念がどのような行為を導くのかを確かめればよい、という方法である。

一方、ダーウィンの自然選択説は、生物がどのような特性によって生き延びるかを見るものであり、生物の持つ特性が生態系においてどのように働くかを見るものとも言える。つまり、いわゆる機能主義的な性格がプラグマティズムの方法と類似しているのである。[20]

次に真理論としてのプラグマティズムを見てみよう。ジェイムズによれば、ここでは「有用性」が真理の条件として提示されることになる。ジェイムズの有用性の考え方は、通俗的な理解よりははるかに複雑な意味をもってはいるが（この点は次章で検討する）、少なくとも観念が真であることとその観念が有用であることとは分かちがたく結びついている。

これまで見てきたように、ダーウィンの進化論は生存に有利な個体が生き延びることを原理として提唱しているのであり、生存に有利な特性であるということと、その特性が有用であるということはかなり接近した概念だと言える。つまりここでもジェイムズのプラグマティズムはダーウィン主義とかなりの近似性を見せている。

また、以上二つの論点のどちらにも関わることだが、プラグマティズムとダーウィン主義はともに結果主義であるという共通点を持つ。観念から導かれる行動も、生物の特性が生存にどう関わるのかも、結果としてどうなったかによって価値が判定されることになっている。観念の有用性や生物の特性の有利さは、事前に有用、有利なように設計されているわけではなく、現実のなかでしだいにそれが判定されていく以外にないのである。

このことに関連してもう一点、重要な共通点を指摘しておきたい。それは本章第1節で見た「～であること」から「～になっていくこと」への重点の移行についてである。ジェイムズのプラグマティズムにおいて極めて特徴的なのは、真理とは、それが生成される過程であるということである。第1章でも触れたように、ジェイムズのプラグマティズムは、本質的に検証すること、が真理を生み出していくことだと考えている。真理は固定したものではなく、常に動的で、検証されていることによって、その間真理でいることができる。このヴィジョンはジェイムズのプラグマティズムにおいて中心的な位置を占めている。

その重大な観点が、ダーウィン主義と共通することは極めて興味深い。ダーウィンもまた、種を固定したものと見るのではなく、常に変化し続けるものと見ていた。種は生き延びるという検証のうちにあって、種とみなされる存在なのである。

言うなれば、ジェイムズのプラグマティズムは真理を不変のものと見る哲学の伝統への根本的な批判、ダーウィン主義は種は不変であるという生物学や神学の伝統への根本的な批判である。この意味で、両者は同じ構造の意義を持っていると言える。

ここまで見てきたように、プラグマティズムの真理観は基本的にダーウィンの影響下にあり、観念やその真理性を進化する種とみなすことによって成立した可能性が高い。ただ、ここでの

「進化」が「より真になっていく」ものなのかどうかという問題が残る。ダーウィンが目的論的な進化観を持っていなかったように、プラグマティックな真理も、ただ状況に左右されながら変動するものにすぎないかもしれない。しかし一方で、前節で見たように、ジェイムズは理想へ近づいていくという進化観もあわせ持っており、真理論についても「より真へ」という志向をうかがわせる記述が多々見受けられる。この問題は複雑であり、本書では結論できないが、いずれ集中的に考察したいと考えている。

ジェイムズの哲学が、多くの場面でダーウィンの進化論から影響を受けていることはもはや疑うべくもない。しかもその影響の位相は単一ではなく、個人の自由意志の重要性であったり、宗教的性向の正当性であったり、真理とは何かという問題であったりと、多種多様な場面に表れている。

その一方で、ダーウィンが利用されがちな「強者の論理」の傾向は、基本的にジェイムズ哲学のうちに見られない。このような形でのダーウィン解釈がありうることをふまえてダーウィンを読み直すならば、ダーウィン理論からよりポジティブな哲学的含意を見出すこともできるのではないだろうか。

いずれにしても、ジェイムズとダーウィン、両者の動的な世界観は、従来の固定的な世界観へのアンチテーゼとして、無視できない影響力を発揮してきたと言ってよいだろう。

第II部

ジェイムズ哲学と「宗教と科学」

第5章

プラグマティズム

プラグマティズムはアメリカ起源の哲学であり、哲学史において一定の重要性を認められてきた思考法である。しかし、「役に立つことが真である」という単純化した形で理解されがちであることから、その本当の意義は見えにくくなっている。また、主な提唱者たちのなかでも、プラグマティズムの定義やそれを用いる意図は必ずしも一様ではない。プラグマティズムの普及にもっとも貢献したジェイムズの場合、これを宗教の問題に適用することにとりわけ熱心であった。

一方、十九世紀から二十世紀初頭にかけてのこの時期、「科学的」な考え方はもはや常識となっており、宗教を考える際にも、科学との関係を無視することはできなかった。ジェイムズは『プラグマティズム』で次のように言う。

今日ほど、はっきりと経験論者的な性向の人が多く存在したことはかつてなかった。今の子どもたちは、ほとんど生まれながらに科学的だと言えるだろう。しかし、事実を尊重することによっても、すべての宗教性が私たちのうちで無力化されはしなかった［PR 492］。

その上でプラグマティズムは、事実に対する忠実さと宗教的なものとの「両種の要求を満足させることのできるひとつの哲学として」［PR 500］提唱されているのである。

多くの哲学者と同様、ジェイムズの思想もしばしばその人生との関係で論じられるが、特異な宗教思想家の息子としてその影響のもとに育ち[1]、ハーヴァード大学で化学や医学を専攻したジェィイムズにとって、宗教と科学とはどちらも人生にとってなくてはならないものであった。宗教と科学について語る論者は数多いが、その両者ともを自己のアイデンティティに関わるほど必要とする思想家は少ない[2]。ここにジェイムズの独自性があると言える。

したがってプラグマティズムの哲学も、ジェイムズにとっては、宗教と科学とを調和的に受け入れることができる新しい思考法としての意義が大きかった。そして、事実ジェイムズの著作では、しばしば宗教と科学とがパラレルに語られることになる。

しかし、常識的な感覚では、宗教と科学とが同質であるかのような見方は受け入れがたい。果たしてこれは正当な議論として成り立っているのだろうか。そこで本章では、ジェイムズの主張するプラグマティズムを基本的なところから読み直し、宗教と科学とがどのような関係でありうるのかを改めて検討してみたい。

第1節　ジェイムズのプラグマティズム

1　方法としてのプラグマティズム

まずここでは、パースの提唱したオリジナルのプラグマティズムを確認した上で、ジェイムズ独自のプラグマティズムを理解していく。そして、マニフェストの書とも言える『プラグマティズム』の精読により、通俗的な「実用主義」とは異なる本来のジェイムズの意図を明らかにする。プラグマティズムという名称を考案し、この考え方を最初に定式化したのはチャールズ・サンダース・パース（Charles Sanders Peirce, 1839-1914）である。ジェイムズはプラグマティズムを拡大解釈して大いに普及させたのだが、その考案の栄誉は必ずパースに帰していたため、ジェイムズ流のプラグマティズムにおいても、パースの初期の論文[3]に示されている基本的な原理は、前提として共有されている。一般に「プラグマティズムの格率（pragmatic maxim）」と呼ばれるこの原理は、パースによれば以下のようなものである。

〔明晰な理解のためには〕私たちが持つ概念の対象について、実際的な意義を持つだろうと考えられるような、いかなる効果が思い描かれるかを考察してみよ。これらの効果についての概念が、その対象についての概念のすべてである。[4]

これをジェイムズ流に言い換えて表現すると、「ある対象についての私たちの思考において、完全な明晰さに達するためには、その対象が、考えうるいかなる実際的な種類の効果をもたらすかを考えてみるだけでよい」[PR 506]、そして「どこにも差異を作らない差異はあり得ない――具体的な事実における差異、その事実に基づく行為の帰結における差異、そこに自身を表現しない抽象的な真理の差異はない」[PR 508] ということになる。

この学説が哲学史にインパクトを与えたのは、概念は行動に結びついて初めて意味を持つ、という視点を明確に提示したことによる。この視点からすれば、例えば「硬い」という概念は「多くの他の物体によって傷をつけることができない」ことを意味し、「重い」という概念は、「それを持ちこたえる力がない場合、落下する」ことを意味する。[5]

つまりパースの意図は、概念の意味を明確化させる方法の提唱であった。ジェイムズもまた、「プラグマティックな方法は、第一義的には形而上学的な論争を鎮めるひとつの方法」[PR 506] だと言う。哲学上の議論は時として言葉の上での空論になってしまうが、プラグマティズムの原理を適用すれば、論点を整理したり、無用の議論を避けたりすることができる。これがプラグマティズムの第一義的な用法である。

例えばパースは、聖体祭儀に用いられるパンと葡萄酒が、カトリック教徒の言うように、その実体において文字通りキリストの肉と血なのか、あるいは比喩的な意味にすぎないのか、という問題を挙げる。パースによれば、行動のきっかけとなるべき感覚に捉えられるものが葡萄酒の特徴を持つ場合、それが本当は血であるというのはまったく無意味な言説となる。[6]

さて、ジェイムズもこうした「方法」を基礎としているものの、その適用範囲はパースよりもはるかに広い。元来心理学者であるジェイムズは、人間心理の問題にプラグマティズムを持ち込もうとした。つまり、「帰結における差異」をわれわれの心理的な状態や人生をも含むものとして解釈したのである。

例えばジェイムズは同じ聖体祭儀の例を用いて、「すでに信じている人々にのみ真剣に扱われる」と留保しつつも、実体が変化したことを認めるならば、「祭儀にあずかる私たちは今や、神性のまさに実体によって養われて」いるのであって、実体の概念が「すさまじい効果を伴って人生に入り込んでくる」[PR 524] としている。

また、次のような記述もある。

哲学の全機能は、世界についてのこの定式表現かあの定式表現かのどちらかが真である場合、私たちの人生の特定の場面であなたがたと私とにいかなる特定の違いが生じるであろうかを見出すことであるべきである [PR 508]。

このように、ジェイムズは個人的な人生の問題を射程に入れることよって、プラグマティズムをさらに「実際的」な方法としたのである。本来パースは、「プラグマティズム」の命名の語源として、カントの用いた語から「プラクティッシュ（praktisch）」ではなく「プラグマティッシュ（pragmatisch）」を意図的に採用しており、理論と実践という意味では理論のレベルで考えていた。[7]

しかしジェイムズはこの区別を乗り越え、むしろ完全に実践につながるものとしてプラグマティズムを捉えた。これはパースからすれば「誤解」であるが、この拡大解釈は方法論自体を変更したわけではない。むしろ、パースが区別して範囲外に置いた本当に具体的な場面、例えば信仰を選ぶかどうかといった場面でこそ、プラグマティズムを適用することに意義があるとジェイムズは見たのである。

2　プラグマティズムの真理観と科学

第一義的には概念を明晰にする「方法」であったプラグマティズムだが、それは同時に真理論としての側面を当初から含んでいた。そしてこの側面は科学と密接な関係を持っている。

パースは様々な分野に秀でた職業科学者であり、ジェイムズもそのキャリアを生理学から始めている。このことからも推察されるように、プラグマティズムは科学的な思考を基盤として構築されている。実際、パースは次のように言っている。

様々な人が、非常に多くの対立する見解から出発するかもしれない。しかし研究が進むにつれ、彼ら自身の外部にある力によって、彼らはひとつの同じ結論に導かれる……すべての研究者が最終的に賛同するように運命づけられた意見が、私たちが真理の語によって意味するものである。[8]

この見解は一般的な科学観を思わせるものであり、パースにとってプラグマティズムは、哲学を科学的に行う方法であると言うことができるだろう。

一方ジェイムズは、同じく科学を基礎としつつも、まったく別の方向に舵を切っている。第1章で見たように、ジェイムズは当時の科学哲学者たちの「反実在論」的な見方に同調しており、『プラグマティズム』で真理論としてのプラグマティズムを説明する際には、次のような話題から語り始めている。

〔科学の〕研究者たちは、どの〔科学上の〕学説も完全に実在の複写なのではなく、どの説もある視点から見て有用（useful）なのであろうという見解になじんできた……それらの諸説は人工言語にすぎず、誰かが言ったように、自然についての私たちの報告を書き込む、概念的速記にすぎない［PR 511］。

ここで大きくパースと異なるひとつの特徴は、「ある視点から見て有用」という点であろう。パースは、プラグマティズムの方法を用いることで、すべての人が見解を一にする集中点を遠くに展望している。しかしジェイムズの場合、真理が一点に収束することを必ずしも希求していない。その理由は、ジェイムズがあくまでも個人の主観的経験を哲学の基礎に置いているからである。例えば、ジェイムズはイギリスのプラグマティスト、F・C・S・シラーに同調して、真理を「人為的な構成物」だと捉える見解を提示する。

> 私たちの感覚を取り上げてみるなら、それがあることは、疑いなく私たちの制御を超えている。しかし、私たちがそのどれに注意を払い、注目し、私たちの結論において強調を置くかは、私たち自身の興味に依存する。そして、私たちが強調をここに置くかあそこに置くかによって、まったく違った真理の定式化が結果として起こるのである。私たちは、同じ事実を異なった風に読む。「ワーテルロー」は、同じ固定された細目から成るが、イギリス人にとっては「勝利」を意味し、フランス人にとっては「敗北」を意味する［PR 594］。

つまり、ジェイムズによれば、真理は「実在であるのではなく、実在についての私たちの信念であるから、人間的な要素を含むことになる」［PR 596］ものであって、その事実を提示される当人との関係、つまり「有用性」に左右される。すなわち、極端に言えば個人の数だけ真理があることすら許容されることになる。

しかしもちろん、真理が人によって違うというのは常識に反する。この点はどのように説明されるだろうか。ここで、ジェイムズのプラグマティズムに顕著に見られる整合性とでもいうべき基準に注目して考えてみよう。ジェイムズはシラーとデューイを代弁する形で次のように述べている。

> 私たち〔プラグマティスト〕の観念や信念における「真理」は科学において真理が意味するのと同じものを意味する。すなわち……観念は、私たちが私たちの経験の他の部分と満足な関係に入る助けになってくれる限りにおいて真となる［PR 512］。

これは『信じる意志』で表明されている、「もっとも真に近い科学的仮説は……もっともうまく〈働く（work）〉仮説」［WB/P 450］という記述と合致している。つまり、科学理論が相互に矛盾しないように全体として構成されているように、すべての真理は、それが複数の見方から成っていても、相互に矛盾しないことが要求されているのである。このことによって、ジェイムズの多元的な真理論は一定の秩序を保つことができると言える。この点については、「有用性」との関係を含めて、後に再び検討することにしたい。

ところで、第1章で確認したように、ジェイムズが科学的思考を基礎にプラグマティズムを構想するにあたって、「検証」ということが独特の意味合いを持つことには改めて注意しておきたい。科学は仮説を検証するという方法であるが、先の引用で見たように、ジェイムズにおいては科学的な真理も「満足な関係」という整合性の問題として捉えられており、検証とは確実性ではなく整合性の確認を意味する。

「真理の真理性は、実際のところ出来事であり、過程である。過程とはすなわち真理が自身を検証する過程、真理の真理化である」[PR 574] とされるように、ジェイムズのプラグマティズムによれば、仮説に従って行為し、それがうまく働いている状態が「真理という過程」である。言い換えれば不断の検証がその瞬間瞬間の真理を真理たらしめているということになる。[9]

つまり、ジェイムズのプラグマティズムによれば、真理とは検証によって生み出されつつある過程である。いわば、真理は動的かつ可塑的なものなのである。

3　プラグマティズムと宗教

ジェイムズは方法においても、真理論においても、人生や心理的問題にプラグマティズムを適用することでパースの原理を押し広げた。その場合の代表的な主題が宗教だと言える。

ジェイムズは、プラグマティズムを紹介し始めた当初から、これを説明するのに唯物論と有神論の例を使ってきた[10]。その説明によれば、唯物論と有神論のプラグマティックな差異は、未来を思い描いたときに現れる。唯物論的世界観によれば、エントロピー増大の法則に従い、世界は最終的に無に帰してしまう。一方、有神論は未来に希望を与えてくれる。このどちらを信じて生きていくかは、人生をまったく異なるものにするであろう、というのである [PCPR 1086-1088]。

また、神学で言うところの「神の属性」についても、単なる無意味な言葉にすぎないものと、人生につながるものとがプラグマティックな基準によって区別できると言う。例えば神の「自存性」や「単一性」はわれわれの行動選択に何の影響ももたらさない。しかし「全知」と「正義」は、それによってわれわれは行為への報いを期待して行動するであろうし、神の「善」はわれわれの恐怖を払いのけてくれる [PCPR 1089-1090]。このようにジェイムズにとっては宗教もまた、個人的かつ実際的な事柄として把握されることになる。

『諸相』はその視点を全面的に展開した著作であり、ここで問われるのは神的実在が何であるかではなく、人間がそれをどのように経験するかである。そうであれば、宗教の価値や真理性は当然「経験的な基準」によって計られなければならない。

『諸相』では、本性や起源を問う「存在判断」と、価値や意義を問う「精神的判断」とに問いを区分すべきであることが指摘されていた。この両者は独立に考えられなければならないにもかかわらず、宗教については精神的判断が独立的に扱われて来なかったというのがジェイムズの主張である。

では、価値や意義といったものはどのように判断されるのか。一般に「私たちがある精神状態を他の状態よりも優れていると考える場合」、その理由は、「私たちがそこに直接の喜びを得るためであるか、あるいはそこから人生にとって重要な善き果実がもたらされると私たちが信じるためであるかのどちらか」［VRE 22］だとジェイムズは言う。これはつまり、価値や意義というものはそもそもプラグマティックに判断されているものだという指摘である。

したがって宗教の価値は、それが人生に与える効果によって評価される。なぜなら、経験的な方法が指標とすべき、宗教生活における「差異」は、その信仰によってどのように生きるかという点にのみ表れるものだからである。

そしてさらに、プラグマティズムによれば、帰結において善い価値が導かれることは真理性に結びついていく。

宗教の効用（uses）、宗教を持つ個人へのその効用、その個人自身の世界への効用、これらは宗教のなかに真理があることの最高の論拠である……真であるものとは、うまく働くもののことである［VRE 411］。

このような状況において「うまく働く」という状況が何を指すかと言えば、第1章でも見た次の引用の示す通りである。

もし宇宙についての宗教的仮説が適切であれば、そのときその仮説のもとにある個々人が生活のなかで自由に表現する行動的な信仰は、その仮説を検証する実験的なテストであり、またその仮説の真偽を解明することのできる唯一の手段である［WB/P 450］。

ジェイムズにとって検証は真理の「真理化」であるから、人が宗教を信じて生活することが、その宗教を真理化していくことだということになる。

このように、宗教に関してはプラグマティズムが主に価値判断の基準に用いられるため、有用性が強調される傾向にある。しかしこの有用性とは、そもそもどういう意味であろうか。

4 整合性と有用性

ジェイムズのプラグマティズムは、パースの構想した「行動に結びつく」というコンセプトを「有用性」へと発展させることで、その適用範囲を大幅に拡大した。しかし、プラグマティズムが激しい批判を浴びることになったのもここに原因がある。確かに、「役に立つことが真である」という言説を、これだけ取り出して見るならば、批判はもっともなことであろう。

しかし先に見たように、ジェイムズは他の経験との整合性を常に検証することにも力点を置いており、ここを強調するならむしろ科学の方法と大差がないことにもなる。つまり、プラグマティズムの正当性と独自性は、整合性と有用性との関係をどう見るかにかかっているとも言えるのである。

ではまず、整合性の面について見てみよう。ジェイムズは、プラグマティズムの言う「うまく働く」ということについて、次のように言う。

> 私たちは働くであろう理論を見つけなければならない。そしてそれは極めて困難なことを意味している。というのも、私たちの理論はすべての以前の真理と、ある新しい経験とを媒介しなければならないからである。〔第一に〕それは可能な限り常識や以前の信念を混乱させないでおかなければならない。そして〔第二に〕それは正確に検証されることのできる何らかの感覚的目標物か何かへ導かなければならない。「働く」ということは、これらの両方を意味するのである[PR 580-581]。

つまり、「以前の真理と新しい事実と、その両方との整合性が常にもっとも命令的な要請」[PR 581]とも言われるように、整合性は有用性よりも厳格な基準と考えられているのである。また、観念の真理性は、「同じく認められなければならない他の諸々の真理との関係にまったく依存するであろう」[PR 519]ともされていることから、他の理論や常識と調和しない仮説は、それがいかに役に立つものであってもプラグマティズムは容認しないと言える。こうした側面は、プラグマティズムを語る際にしばしば見落とされているのではないだろうか。

それでは、ここに「有用性」はどのように関係してくるだろうか。ジェイムズは、森のなかで遭難したとき、牛の通ったあとを見つけて「この先に人が住んでいる家があるにちがいない」と仮説を立てるケースを例に出す。

真である思考が有用なのは、その思考の対象である家が有用だからである。このように、真である観念の実際的な価値は、第一義的にはその対象が私たちに対して持つ実際的な重要性に由来する。実際、対象はいつも重要であるわけではない。別の機会には、その家に用はないかもしれないのである [PR 575]。

これについては、有用である場合よりも、逆に有用ではない場合について考えた方が理解しやすいかもしれない。つまり、そこに家があることが事実的に真であっても、そのとき実際に困っていないならば、人はその仮説を実際に確かめることをしないであろう。この場合、真理は真理化されないことになる。ジェイムズの「検証」概念は、先述のように真理を動的な過程としてのみ捉えることを要請している。したがって、検証が必要ではない場合、すなわち有用ではない場合には、真理はそこに生まれないということになる。そしてこれを逆に見れば、真理が真理化されるなら、そのときそれは有用なのだということになる。

もちろん、ジェイムズは直接検証されない「真理」を否定はしない。むしろ、「検証されていない諸々の真理は、私たちがそれによって生きる真理の圧倒的多数を構成している」[PR 576]ことを認めている。しかしこの場合も「間接の」検証は行われていると言う。例えばわれわれは壁にかかっている時計を、中身を確認せずとも状況から時計であると推定するが、こうした場合、「推定の検証とは、その推定が頓挫や矛盾に導かないこと」[PR 576]だとされる。日常において、実際に通用している事柄については直接の検証は省略される。証拠をたどる気になれば「どこかで面と向かってなされる直接の検証」[PR 577]にたどり着ける限りにおいて、信用取引が成り立つのである。したがって、この間接の検証において必要なのは整合性のみであり、有用性はさほど関わっていない。

一方、人が何らかの要求から仮説を抱き、それに従う行為によって要求を満たそうとする場合、これは直接の検証であり、そのとき仮説が「うまく働く」ならば、それは価値を求めてそれを得るという状況を意味しており、「有用である」と同義だと考えられるのである。そして直接の「検証」が「真理化」であるならば、「有用であることが真である」という公式が成り立つ。ジェイムズの言う有用性は、本来この意味で捉えられるべきものなのである。

とはいえ、ジェイムズによるプラグマティズムの拡大解釈は、基本的に人生の問題、心理的な問題への適用からなされているため、有用性の議論は必ずしも厳密ではなくなっている。例えば、

「観念は、それを信じることが私たちの人生にとって有益（profitable）である限りにおいて〈真〉である」［PR 520］、あるいは「プラグマティックな原理に基づく場合、私たちは人生にとって有用な帰結が流れ出てくる仮説なら、いかなる仮説をも拒絶することはできない」［PR 606］といった記述に関しては、しばしば批判される形のプラグマティズムに近づいて見えることは否めない。しかしここでも、あくまでも整合性が基礎にあることを思い起こす必要がある。

ジェイムズによれば、「私たちにとって信じた方がよりよいものは、その信念が他の極めて重要な利益とたまたま衝突しない限り真」［PR 521］であるが、ここで衝突する相手については、「私たちの諸真理のうちどのひとつをとっても、その真理の最大の敵は、それ以外の私たちの諸真理であろう」［PR 521］と想定される。つまり、有用性は真理の基準ではあるけれども、その条件として、他の諸真理と整合的であることが、やはり前提なのである。

第2節　宗教と科学

宗教と科学との関係は今日様々に語られているが、一般的な見方としては、「宗教の事柄は科学的に証明ができない」ので「信じない」あるいは「別の次元のものとして態度を切り替えて考える」というものが主流であろう。これに対してジェイムズは宗教と科学とをパラレルに見るという特異な見解を持つ。この主張がどのようにして成り立っているのかを、ここまでの考察をふまえて検討してみよう。

まず、ジェイムズは、比較的初期の『信じる意志』から一貫して、宗教の語ることを「仮説」と呼ぶ。この用語がすでに宗教と科学との境界を取り除くことを暗示していると言える。そしてまた、宗教と科学については、次のような言明が見られる。

明らかに、科学と宗教はどちらも、それぞれそれを実際的に使える人にとって世界の宝庫を開くための真の鍵である。また明らかに、どちらも網羅的ではなく、どちらも他方と同時に利用するのに排他的ではない［VRE 116］。

これを見る限り、ジェイムズにとって宗教と科学は相補的なものであり、両者は権利上同等のものと考えられている。

また、仮説の取り扱い方に関しては同質的でさえある。その取り扱い方とは、仮説の真偽がプラグマティズムの原理によって判定されるということである。つまり仮説が他の諸経験全体と整合的であること、それが実際的な場面で有用であること、の二点を基準とするわけだが、このやり方は実のところ、宗教においても科学においても、すでにある程度利用されている。

というのも、ジェイムズ特有の徹底した経験論からすれば、科学も主観を経由した経験から成る仮説を、行為の差異に表れる実際的結果によって検証していると言えるからである。例えば科学的な近代医療も、臨床実験で「やってみて、治る」という実際的結果の積み重ねから構成されているところが少なくない。つまり宗教と科学はいずれも、事前に確実な知識がないにもかかわらず、それが真であるかのように行為することによって、仮説を検証すなわち真理化する営みだと言えるのである。

また、ジェイムズは『信じる意志』と『諸相』で「宗教の科学（science of religions）」という構想を提案する。これは宗教的命題について公平な分類や比較を行い、宗教的「仮説」を公的な議論のなかで洗練させていくことを目的としている［VRE 408-409］。科学の時代に宗教を語るには、宗教を公的な議論に開放して、諸教義を再解釈していく必要がある、というのがジェイムズの立場である。

しかし、「宗教の科学」とは、宗教を唯物論的な科学の世界観に組み込むことではない。本章冒頭の引用で見たように、ジェイムズにとって科学は経験論的態度であり、事実のみを扱うことを意味する。宗教に関して言えば、神について何かを語ることは科学的ではないかもしれないが、少なくとも人間がいわゆる宗教的経験をするという事実自体は、非科学的と呼ばれるものではない。

そしてまた、そうした経験から「仮説」を導き出すことはできる。それは例えば、「高いところからエネルギーが流れてきて〔私たちの〕要求に応じ、現象世界の内部で作用することになる」[VRE 428] という構図であったり、あるいは、「私たちが宗教的経験において結ばれていると感じるその〈より以上のもの〉は、向こう側では何であろうと、そのこちら側では、私たちの意識的生活の潜在意識的な連続である」[VRE 457-458] という分析であったりする。

　これらの「仮説」には、科学的な知見と衝突しないように細心の注意が払われていることがわかる。これがジェイムズによる「仮説の洗練」の試みだと言える。つまり、「宗教の科学の義務のひとつは、宗教を他の諸科学との連絡のうちに保つこと」[VRE 457] とされるように、ジェイムズの見解では、宗教と科学はそれぞれが整合的であるだけではなく、宗教的仮説と科学的仮説の間でも整合的であることが可能かつ必要だと考えられているのである。

　そもそも科学という営みが、他の知の領域に比べて圧倒的に多くの人から同意を得られる理由のひとつは、個々の科学理論が全体として大きな整合的体系を作っていることである。それに比べて宗教には、個々の宗教、宗派を統一する整合性が存在していない。つまりジェイムズが行った試みは、宗教的経験という事実を基盤にすべての宗教が整合的に働く仮説を提出することであり、またその仮説は科学の体系とも整合的に相提携して働くことが目標とされていたのである。

　もちろんジェイムズ自身、ささやかな一歩を踏み出しただけだと考えていたであろうし、プラグマティズムの原理に従うなら、仮説の真偽も時々刻々と更新されていくものである。こうした真理観は、科学や宗教に絶対的確実性を期待する人々には不満なものであろう。しかし、プラグマティズムを介した改善論的態度によってこそ、宗教と科学とは、現段階でかけ離れた価値観のように見えていても、それぞれの実践のなかで、いずれは互いに通約可能な営みとなる可能性が期待できるとは言えないだろうか。

　プラグマティズムによって、ジェイムズが宗教と科学とに提示した視点は、要約して言えば、科学的真理を相対化し、これをも真理生成のプロセスと見ること、そして宗教的仮説には整合性を課すこと、ということになろう。こうして捉えなおすならば、宗教と科学は相補的で同質的なものとみなすことも可能となる。すなわち、どちらも現実のなかに真理を作っていくという人間本性の表れの一面なのである。

　そしてこのとき、検証することはさらなる真理の創出を促進することでもある。事実、科学はそうやって進歩し、より快適で便利な世界を作ってきた。それなら、宗教もまた、検証されることによってより善い世界を作っていけるはずである。ジェイムズは言う、「宗教は、そのもっとも十分な機能の働きにおいては、すでにどこかで与えられた事実の単なる照明ではなく、愛によるように事物を薔薇色の光で見る単なる情熱でもない……宗教はそれ以上のもの、すなわち、新しい事実の要請者でもあるのである」［VRE 462］と。

第6章

自然主義と超自然主義

宗教と科学が対立関係にあると見られがちであることは、「宗教と科学」関係論における大きな問題であり、様々な角度から検討する必要がある。ここでは、「対立」観の前提を解きほぐしてみたい。「宗教と科学」と言うときひとつ問題となるのは、「宗教」は何を指し、「科学」は何を指すのかという基本的な理解である。これを一義的に決定することは実際のところ不可能なのだが、逆に、例えば「科学」という言葉がもつ総合的なイメージを要素に分けて考察することは、宗教との関係を見る上でも有益と思われる。

ジェイムズは宗教と科学のどちらをも信頼する哲学者であった。つまりジェイムズにおいては、宗教と科学は対立していない。その一方で『諸相』には、世界を物理的・機械的に見る見方が宗教と対立的に示され、批判される場面が多く見られる。これは、一見科学批判に見えるが、批判の矛先はある種のものの見方なのである。つまりジェイムズは、科学そのものは信頼しつつ、科学と類縁関係にある「自然主義」を批判している。ジェイムズにおいては、宗教と対立するのは科学ではなく、自然主義だということである。このように、「宗教と科学」の議論において自然主義の位置は重要な論点のひとつになる。

「自然主義」という語は文脈によって様々な意味を持つが、本書で述べる自然主義は「超自然主義」の対義語としてのものである。宗教における超自然主義とは、神的な力が現象世界の出来事に介入することを認める立場を言う。こうした介入は普通、物理法則との矛盾をきたすものと考えられ、宗教と科学の関係を論じる際の対立点とされることが多い。そのため、科学との調和を目指す近現代の宗教論は自然主義的な形を取りがちである。しかしジェイムズは、『諸相』の「後記」で、自身を「超自然主義者」と表現する。もちろんその超自然主義は決して通俗的なものではないが、ジェイムズは明確に自然主義に対抗する立場を取っていると言える。

ジェイムズはプラグマティズムを提唱し採用しているが、プラグマティズムはそれ自体としては宗教には中立的である。実際、多くのプラグマティストは自然主義的な宗教観を持っている。しかしジェイムズはプラグマティズムの紹介においていつも宗教に関する主題を用いており、ジェイムズの超自然的な宗教観はプラグマティズムにも強く関わっていると考えられる。

本章はこうした背景をもとに、ジェイムズの思想に深く入り込んでいる、自然主義の問題を検討してみたい。特に個々人の救済という観点からは、超自然主義をどう扱うかということが重要になってくるからである。前半では「自然主義」に注目してジェイムズの宗教論を読み直すことで、ジェイムズが宗教と科学を調和的に捉えた構造を明らかにする。後半では、古典的プラグマティズムの成立という思想史的な出来事に超自然的な宗教観がどのように関与しているかを見ていく。

第1節　宗教と科学と自然主義

1　自然主義

「自然主義（naturalism）」あるいは「科学的自然主義（scientific naturalism）」という語は、自然的なもののみを基盤とした世界の捉え方を指し、本書では特に「超自然主義（supernaturalism）」の対義語として捉える。いわゆる「科学」は事実上自然科学のことであり、自然科学は自然界の原理を探究する学問であるから、自然主義が科学と密接な関係を持つことは間違いない。しかし、自然主義は「主義」であって、自然科学の結果をただ受け入れることとは異なる。いまだ研究されていない事象に関しても「こうあるべきだ」とするある種の規範性を持っている。

その自然主義にも、実際にはいくつものヴァリエーションが存在し、いわばハードなものからソフトなものまでかなりの幅がある。神学者D・R・グリフィンは、「自然主義」が多義的であることを指摘した上でその分類を行っている。彼はその両端に当たる立場を示し、超自然的な介入の否定のみを意味するものを「ミニマルな」意味での自然主義と呼び、感覚主義・無神論・唯物論・決定論・還元主義をすべて含むものを「マキシマルな」意味での自然主義と呼んだ[1]。

マキシマルなものとまで言わずとも、自然主義が無神論や唯物論を含むヴァージョンである場合、これは宗教と相容れず対立の構図を取るであろう。しかしミニマルな自然主義は、世界のものごとの運行が自然のメカニズムに従うという意味にすぎない。これは一見唯物論に近いものの、必ずしも神的な存在を否定しない。ただ、自然界の外部からの力が出来事に介入することをのみ否定するのである。したがって、ミニマルな意味であれば、自然主義は宗教と決定的に対立するものではない。実際、グリフィンの属するプロセス神学の立場では神を自然の内部における参与者と捉えるため、超自然的な介入を想定しない。

こうしたことからグリフィンは、宗教側が超自然主義を放棄し、科学側がマキシマルな自然主義を捨てること、その結果両者がミニマルな自然主義を共有することによって、宗教と科学の調和が可能だと考える。[2]

2　ジェイムズと自然主義

ではジェイムズの立場はどうであろうか。『諸相』の著述は、事実として観察された宗教的経験のみを材料として組み立てられており、全体として科学的な手法を前面に出している。とりわけ心理学的な回心解釈などは一見自然主義的ですらある。しかし、前述のように「後記」において、ジェイムズは自身を「超自然主義者」に分類するのである。これは、グリフィンの言うミニマルな自然主義にすら属さないということであろうか。

もしすべての思想家を自然主義者と超自然主義者に区分するなら、私は疑いなく、たいていの哲学者たちとともに、超自然主義の部門に入らなければならないだろう。しかし超自然主義にも、より粗野なものと、より精錬されたものがある……理想的なものとの交流において新しい力が世界に入ってきて、新しい出発がここ地上でなされる、と私が信じる以上、私は断片型またはより粗野な型の超自然主義者のうちに分類されざるを得ないと思う［VRE 464-465］。

ジェイムズの言う「より精錬された」超自然主義とは観念論的な立場を指すとされており、非物質的な実在を重視するものの、それが現象界に因果的に働くことは否定する。これは超自然主義とはいってもむしろグリフィンの言うミニマルな自然主義に近いであろう。しかしジェイムズ自身は理想的なものの干渉を認めているため、自然主義の立場からさらに隔たったところにいる。ただし、ジェイムズの言う「理想的なものとの交流」は宗教的経験のことであり、それが因果的に働くというのも、いわば意識・精神の領域から行動へつながるという意味である。一般的な超自然主義のように物理法則が乱されるような事態は想定されていない。

では、ジェイムズが超自然主義の側にスタンスを取るのはなぜだろうか。これには主に二つの理由が考えられる。

第一に、ジェイムズは自然主義の提示する世界観に恐怖と言えるほどの抵抗を示す。このことがジェイムズの宗教分析に大きく影響していることは多くの研究者が指摘するところである。[3] 例えば『諸相』に次のような記述が見られる。

血が凍るような寒さと薄暗がり、すべての永遠の意味の不在——純粋な自然主義や現代の通俗科学的進化論にとっては、それが究極的に目に映るすべてである……近年の宇宙論的推測を得た自然主義にとっては、人類は、越え出る逃げ道のない絶壁に囲まれた、凍った湖の上に住んでいる人々に似た状況にある。だが彼らは、氷が少しずつ融けていることを、氷の最後の薄膜が消滅し、不名誉な溺死が人類の運命となる、その避けられない日がしだいに近づきつつあることを知っているのである［VRE 133］。

つまり、宇宙を物理学だけで解釈し、遠い先の未来を考えると、最後にはすべてが無となった状態が推測されるのであって、今われわれが営んでいるすべての活動が終局的には無意味に帰してしまう、というのである。

このことはもちろん、自然主義を否定する論拠にはならない。しかしこのヴィジョンは、自然主義か超自然主義か、という哲学的問題が実際的な結果を異なったものにする重大な論点であることを示している。ジェイムズは、プラグマティズムを世に広めた一八九八年のバークレーにおける講演「哲学的概念と実際的結果」において、上記と同様の未来像を語ったのち、対比的に次のように述べる。

神の観念は、機械論的哲学において大変流行しているような数学的観念に比べてどれほど明瞭さで劣るとしても、それに比べて少なくとも、永久に保たれるべき理想的秩序を保証するという実際的な優位を持っている……永遠の道徳的秩序に対するこの要求は、私たちの心のもっとも深い要求のひとつである。そして、ダンテやワーズワースのように、このような秩序の確信に基づいて生きる詩人たちは、その詩の心を奮い立たせ慰める並外れた力を、この事実に負うている。そしてここに、唯物論と有神論の本当の意味が、こうした異なる感情的および実際的な訴えのうちに、希望や期待への私たちの具体的態度のこうした調整と、その差異が引き起こすすべての繊細な帰結とのうちにある［PCPR 1087］。

ジェイムズのプラグマティズムの立場からすれば、人が何を信じるかということは、その人生に実際的な影響を及ぼす。未来に希望を持てるヴィジョンは、人間の活動を活性化し、世界の可能性を広げる結果となって表れる。つまり、自然主義的な世界解釈は、より希望的な解釈よりも、その効果において劣るという見方もできるのである。[4]

しかし「理想的秩序」などに根拠はあるのか、と問われるかもしれない。信念の有効性で選ぶなら何を信じてもよいというのか、という批判もあるだろう。だが、一方の自然主義も根拠の十分な信念とは言えないのである。ジェイムズは『信じる意志』で自身の科学観を断片的に著しているが、例えば「私たちの科学は一滴、私たちの無知は海」[WB/L 496] と言うように、科学によって知られていることは宇宙全体から見ればごくわずかであると考えている。宇宙の一部を説明する物理学ですべてを説明してしまうのは拡大解釈なのである。人間が現時点で認知している世界の枠外に、人間には理解できない別の秩序があるという考えは、必ずしも非合理的ではない。そしてジェイムズは、その具体例を宗教的経験のうちに見る。これを次に見ていきたい。

3　回心の分析と「より以上のもの」

ジェイムズが超自然主義を自認することになった第二の理由は、回心を中心とする宗教的経験の解釈にある。ジェイムズは基本的に回心を、潜在意識的領域で育っていった宗教的観念が「意識の場」のなかに突発的に侵入するというモデルで説明する。こうした分析は回心の自然的な解釈の試みとも言えるのだが、第3章で確認したように、具体的なケースを多く検討するなかで、自然的解釈で説明できない事態に出会うことになる。

別の方法では説明がつかない、すべての侵略的な意識の変化を、識閾下の記憶の緊張が爆発点に達した結果と解釈するのは「科学的」である。しかし、意識内への突入のなかには、長い期間潜在意識的に潜伏していたことを簡単には示せないようなものが時折あることを、私は率直に告白せざるを得ない……〔そうした結果は、聖パウロの場合のような〕有益で合理的な場合には、より神秘的または神学的な仮説に帰せられるべきであろう［VRE 218n］。

回心現象に見られる二つの大きな特徴は、新しい興奮が発現しエネルギーが解放されることと、自己意識の再方向づけがなされることである。ジェイムズは、このエネルギー（すなわち「力」）と方向づけ（すなわち「意味」）の両方を自然的に説明することができないと考えた。潜在意識下の記憶は意味の説明にはなるが、意識内への突入力は説明できない。逆に、生理学的な反応という力の説明は、回心が強烈な意味を伴うことを説明できないのである。[5]

その結果、ジェイムズのモデルでは、潜在意識領域の「向こう側」が未決定の状態に置かれ、そこに「より以上のもの」が想定されることになる。ジェイムズの解釈によれば、「回心」や「祈り」の状態において、「より以上のもの」との交流がなされることが宗教的経験である。「より以上のもの」はいわゆる「神」のような実在とは限らないが、「自分自身のより高い部分」と「隣接し連続している」ものであり、「彼の外部の宇宙で働いているもの」であるとされている［VRE 454］。つまり、宗教的経験のメカニズムを説明する仮説として、外部の力の介入がもっとも合理的だとジェイムズは考えている。超自然的介入については論証できていないため表立って主張されてはいないが、ジェイムズにとってはこの交流体験こそが宗教の核心であって、内心としては超自然主義を認めていたのである。

4　ジェイムズの超自然主義と科学

ジェイムズは以上のように自然主義を否定する立場を取るが、その一方で科学に対しては大きな信頼を寄せている。では、彼の超自然主義と科学との間に矛盾はないのであろうか。

まず、ジェイムズにとって、科学は「方法」であるということが挙げられる。第1章で挙げた箇所をもう一度引用しておく。

科学は、その本質において取り上げられる場合、ひとつの方法をのみ意味するものであり、いかなる特別な信念をも意味しないはずである。しかし、その信奉者たちによって習慣的に取り上げられるように、科学はある固定された一般的信念として認定されるようになってきた。その信念とは、自然のより深い秩序はまったく機械的であるというものである。[6]

つまり自然主義はここで言う「特別な信念」のひとつであって、それは科学の本質ではないというわけである。むしろ、科学的な方法によって信念を形成していくと考える場合、検証を怠って自然主義を盲信することは科学的な態度ではないと言うこともできる。

では、超自然的な力の介入を信じることは科学的でありえるだろうか。すでに判明している物理現象に反する意見を言うならそれは非科学的であるが、判明していない領域に関しては、仮説は自由である。先に指摘したように、ジェイムズの場合、力の介入は意識世界・精神世界に限られ、物理法則を乱すような事態は考えられていない。したがって、ジェイムズの主張するのは、あくまでも科学が示す結論と矛盾しない領域に限定された超自然主義だと言える。

もちろん、意識世界を物理世界と切り離すことが妥当か、という問題はある。自然主義が考えるように意識現象が脳機能に還元できるならば、意識世界も物理世界の延長上にあることになるからである。確かに近年、脳科学から宗教体験を研究しようとする動きが活発になってきており、その結果、宗教体験の際に生じる脳内の変化が検出できるようになっている。しかし、「ある体験に脳内の変化が確認される」ことは、「その体験に脳の変化が伴う」ことの言い換えにすぎない。[7]よく言われるように、相関関係は因果関係を意味しないのであるから、これを根拠に体験を脳の変化に還元することはできない。その宗教体験の源泉が神的な存在であるかどうかという問いは、科学が否定することも肯定することもできない主張なのである。[8]したがって、ジェイムズの想定する神的な介入も、現時点では科学の枠内で語ることのできない問題であり、それゆえに科学と衝突してはいない。少なくとも論理的には超自然主義は非合理ではないのである。

このようにジェイムズは、証明はできないが否定もできない超自然主義を仮説として主張する。これはジェイムズにとって根本的な世界観であり、ジェイムズ哲学のあらゆる場面に影響している。次節では、プラグマティズムとこの超自然主義の関係を考察する。

第2節　超自然主義とプラグマティズム

1　心理的効果と有用性

ジェイムズは先述のバークレー講演「哲学的概念と実際的結果」で、初めて彼の解釈によるプラグマティズムを発表した。したがって、この講演にはジェイムズ独自の発想がもっとも端的に表れていると考えられる。プラグマティズムは一八七〇年代にパースが構想した考え方であるが、ジェイムズはこれを二〇年以上心中に温めており、パースが想定していた厳密な、言い換えれば狭いプラグマティズムの適用範囲を大きく押し広げて提示したのである。特に、心理学者であったジェイムズは人間心理の差異が人間行動の差異につながり、現実を違ったものにするというヴィジョンを大胆に組み込んでいる。まずこのことから確認していこう。

この講演でまず提示されるプラグマティズムの意味は以下のようなものである。

二つの異なる哲学的な定義、もしくは命題、もしくは主義といったようなものがあり、その二つは互いに矛盾しているように見え、人々が議論しているものだと仮定しよう。もし一方の真理を仮定することによって、他方の真理を仮定した場合に予測することとは異なるような、いかなる時、いかなる場所でも、誰にとっても考えうる実際的帰結を予測することができないのであれば、そのとき二つの命題間の差異はまったく差異ではない。それは見せかけの、言葉上の差異でしかなく、更なる論議には値しない [PCPR 1081]。

この記述は、「観念を明晰にする方法[9]」としてのパースの原理を大枠で踏襲している。観念から導かれる帰結として何が生じるか、それが観念の本当の意味だというわけである。しかしジェイムズの独自性は、このプロセスのなかに、人がその観念をどう感じるか、という要素を含めることにある。ジェイムズはバークレー講演で、過去の方を見る「回顧的な」見方と未来の方を見る「前望的な」見方を対比させた上で、帰結の差異を見る前望的な見方において、プラグマティズムの適用の仕方を明らかにしようとする。ここで「二つの異なる哲学的な定義、もしくは命題」として例示されるのが、有神論と唯物論である。

有神論と唯物論は、回顧的に理解されるならばさして違いがないのだが、前望的に理解すると、まったく異なる実際的な帰結を、正反対の経験の眺望を指し示す。というのも、機械的進化論によれば、私たちの有機組織がかつて生み出してくれたすべての良き時間と、私たちの精神が今形作っているすべての理想は、確かに物質と運動を再分配する諸法則のおかげなのだが、その諸法則は間違いなく必然的に自身の仕事を元に戻し、いったん進化させたすべてのものを再び分解してしまうからである［PCPR 1086］。

そしてこの後に、神の観念は理想的秩序を保証するという、前節に引用した記述が続くのである。

つまり、有神論か唯物論かという議論の論点は、それを心に抱くことで引き起こされる心理的な状態をもとにした行動の差異、その行動による現実の差異によって明らかになるというわけである。

ところで、ここで言われる「有神論」は、超自然主義的な立場が想定されていると言える。その理由は二つある。第一に、唯物論の悲観的な未来像の記述は前節で確認したように「自然主義」を主語に同様のことが語られているからである。したがってそれに対立する有神論の立場は超自然主義を意味することになる。

また第二に、このバークレー講演ではこの後「神の属性」についてのプラグマティックな見解が述べられており、「全知をもって神は闇のなかで私たちを見て、正義をもってその神が見るものに報いまた罰する」という点が「生きた実際的な事柄」として評価されている［PCPR 1090］ことからも超自然的な見解が前提であることがわかる。

つまり、第一に未来を破滅から救ってくれる神、第二には行為に報いをもたらしてくれる神、すなわち現象世界に介入する神を信じてこそ、有神論は人間の行動を賦活させてくれるということである。もちろん、この型の有神論は一般論として語られているのであって、ジェイムズ自身がそのままこの立場であるわけではない。しかしそういう大枠での有神論に十分な意義があるという主張は読み取りうる。その正当化の理論としてプラグマティズムが用いられているのであり、この論証は人間心理の機微を構造のうちに含むことによって成立している。

また、ここでは有神論と唯物論のどちらが優れているかには言及されず、中立の立場が取られているが、破滅の未来を思い描いて意気消沈して生きることと、未来に希望をもって活発に生きることとを比較すれば、そこに暗示されている優劣は明らかである。するとここには、どちらの説がより良い人生をもたらすか、という基準が持ち込まれていると見ることができる。この講演の時点で、プラグマティズムは真理論として述べられてはいないが、この有神論の例は、後にはっきり主張されることになる「有用性」概念に結びついていると考えられる。

プラグマティズムにおける有用性という基準は前章で述べた通り単純なものではないが、この発想が超自然的な神を信じることの効用という具体例にひとつの起源を持っているということは、以上の検討から明らかであろう。

ところで、リチャード・ローティは『諸相』に現れるジェイムズの態度には不整合があると批判している。[10] それは、神的なものの真理性が、人にとって善いと思われるがゆえなのか、経験的証拠が十分であるがゆえなのかがはっきり明示されていないということであり、ローティはこれをジレンマと理解し、プラグマティズムに従うなら宗教的経験が本物だと主張することはできないと考える。

しかし、ジェイムズの注目する宗教の心理的効果は、あくまでも当事者の視点を重視する。宗教を求める者が神的現象を本当のものと思う心理と、それを外からプラグマティックに評価する立場は、両方が認められなければならない。宗教の真理性を論じるにあたって当事者の主観を無視して切り離すことは、ジェイムズにとっては不誠実な態度ということになるであろう。

2 個別性と多元性

プラグマティズムの理解について、もうひとつジェイムズ特有の強調点がある。それは、観念は特定の具体的経験によって計られねばならないということである。

いかなる哲学的命題であれ、その事実上の意味は、常に私たちの未来の実際的経験、その経験が能動的であろうと受動的であろうと、そのなかで何らかの特定の帰結にたどり着きうる。このとき肝心な点は、その経験が能動的でなければならないという事実よりもむしろ、その経験が特定のものでなければならないという事実にある［PCPR 1080］。

プラグマティズムは観念を具体的行動に結びつける考え方だが、その行動が受動的なものも含み、しかも普遍的ではなく個別的なものを指す点はジェイムズ流プラグマティズムの特徴である。そして、特定の経験とは、私やあなたといった特定の個人が得るパーソナルなものである。

哲学の全機能は、世界についてのこの定式表現かあの定式表現かのどちらかが真である場合、私たちの人生の特定の場面であなたがたと私にいかなる特定の違いが生じるであろうかを見出すことであるべきである［PCPR 1081］。

つまり、自分の人生の問題として具体的に扱うときにこそ、観念の本当の意味が現れるというのである。このように、「観念に基づく行動の結果」というパースのコンセプトを、具体的な個人の特定の場面というシチュエーションで考えるジェイムズの理解は、多分に彼の宗教理解に起源を持つように思われる。[11]

『諸相』は、宗教を個人的な宗教的経験から解釈した点で画期的な著作であったが、そのひとりひとりの経験を大切に扱うなかで、ジェイムズの視点も徹底的に個人に定位している。この著作におけるジェイムズの「経験論」は、他の著作と比べてもとりわけ個人主義的な形で表明されている。

私たちのそれぞれが、運命の車輪の上を転がっていくのを個人的に感じるとき、自分に特有の宿命の危機について抱く、他人には共有され得ない感じは、自己中心的なために貶されるかもしれないし、非科学的と言ってあざ笑われるかもしれない。しかし、この感じはまさに私たちの具体的現実の基準を満たすひとつのものであって、こうした感じを欠いたまま存在者たろうとするものやその同類は、半分しかできあがっていない実在の欠片であろう［VRE 447］。

したがって、ジェイムズにとっては、具体的な個人のひとりひとりが救われるような宗教理論が見出される必要があった。例えば法則的に洗練された万人救済論的な神の観念は、「小売りする神ではなく卸売りする神」［VRE 441］であり、ジェイムズには採用されない。

また、『諸相』の結論部では、あらゆる宗教に見られる特徴として「不安感とその解決」が挙げられている。その不安感は「私たちに何か間違ったところがあるという感覚」、解決は、「より高い力と正しく結びつくことによって、私たちがこの間違いから救われているという感覚」であると言う［VRE 454］。この「結びつき」は、意識を受け入れの状態に開くという意味での「祈り」によってもたらされる。つまりジェイムズによれば、神的なものとの意識の交流によって個人が救われるということが、宗教の機能として決定的に重要なのである。

祈りに応じて救われるという現象は、救済の力が普遍的にではなく個別的に働くことを意味する。つまりジェイムズに言わせれば神は「小売りする神」であり、こうした神観は必然的に力の「介入」つまりは超自然主義を要請する。この神観は自然主義の立場からは受け入れられないだろう。しかし、個人的な要求に応じてくれる神を信じることは、心理的作用としてはより大きな効果をもたらすはずである。したがって、プラグマティズムは個別の救済論を肯定的に受け入れる。

そして、個別性を考慮することは、真理の多元性へとつながる。個々の宗教的経験は様々なパターンで表れるわけだが、それをジェイムズは積極的に認めて、「神的なものは単一の性質を意味することはあり得ない」[VRE 437]と断言する。それぞれの個人との関係において、応答する神もまた様々な姿を持つというのである。

多元性もまた、ジェイムズのプラグマティズムにおける大きな特徴であるが、これは宗教現象だけに限らず、ひとりひとりの経験に密着して世界を解釈する以上、必然的に各所に生じる態度となっている。こうした個人的な視点は『プラグマティズム』でも散見される。[12] プラグマティズムが「人生の具体的な部分との接触」[PR 494]を保つものとみなされる以上、それは全体として多元的な真理論に至るのである。

私たちの説く真理は、多元的な真理、導きの諸過程であり、状況のうちに実現されていて、報いてくれるという特質だけしか共有しない真理である［PR 581］。

こうして、ジェイムズのプラグマティズムは私的な宗教的経験を担保する。そしてそれは、個人に応答する超自然的な宗教観を可能なものとして認めることをも含んでいる。

3 「理想的秩序」とその真理性

これまで確認してきた通り、ジェイムズは超自然的な宗教観を持っているが、その超自然主義は物理法則に抵触するものではない。神的な存在もまた、実体的な神としてではなく「理想的秩序」あるいは「見えない秩序」などの表現で抽象的に示唆される。[13]

宗教生活は、見えない秩序が存在しているという信念、そして、私たちの最高の善はその秩序に私たちが調和的に適応することにあるという信念から成る［VRE 55］。

ジェイムズの超自然主義はこの「理想的秩序」を認めるものであり、この秩序を証明はできないまでも、少なくともその妥当性を示すのが、彼の宗教思想上の課題であったと言える。したがって、プラグマティズムの論理はここにも関連していることが予想される。

ではまず、ジェイムズがこの「秩序」をどのようなものと考えていたのかを確認していこう。このヴィジョンを説明するのに、ジェイムズは好んでペットのたとえ話を用いる。

私はむしろ、宇宙全体に対する私たちの関係は、私たちの犬や猫といったペットの人間生活全体に対する関係と同じであると信じている。犬や猫は私たちの画室や書斎に住んでいる。彼らは、その意義については何も感づくことなく、その情景の一部をなしている。彼らは歴史の曲線の単なる直線区間である。この曲線の始めや終わりや形態は彼らの認知を全く超えている。そして私たちも事物のより広大な生命の直線区間なのである［PR 619］。

つまりジェイムズは、犬や猫の視点から見た世界像が誤りではないように、われわれが捉える物理法則の世界もそっくりそのまま肯定した上で、それを包含するより高次の秩序がこの世界に重なって存在していると考えるわけである。「理想的秩序」は人間と同じ舞台を共有しているが、人間の知覚できる次元を超えた存在であり、意思の疎通は限られた条件でしかなされない。しかし人間の行動は常に理想的領域を含む宇宙全体に反映されることになる。この考えは少なくとも非合理的ではない。それが彼のいわゆる「超自然主義」である。

ジェイムズの哲学に一貫して流れるモチーフとして、知性や科学では捉えきれない経験の豊かさを重視する姿勢がある。そうした視点から見ると、自然主義は、すでに知られていることによって世界を規定し、その全体像を矮小化するものの見方だということになる。これは彼の合理論批判とも共通している。

現在の合理論の楽観主義も、事実を愛する精神には、やはり浅いように思われる。現実の宇宙は広く開かれたものであるが、合理論は体系を作る。そして体系は閉じられていなければならないのである［PR 498］。

合理論や自然主義で説明しきれないような事象は突発的に現実のなかに現れるのであり、閉鎖系の知はそれを無視するがゆえに正当ではない、とジェイムズは考えるわけである。

では、自然的世界の外に何かがあるとして、それはどのようにして捉えればよいだろうか。心理学的な主題においては、意識の外部に「潜在意識的領域」が、状況証拠から認められる。これと同様に、現象世界の外により広い領域を想定することは可能である。その場合の状況証拠が宗教的経験なのである。

しかしもちろん、宗教的経験は再現性や状況の統制性が低く、普通は科学的な意味での証拠にはなり得ない。それでもジェイムズは経験論者であるから、知的操作ではなく経験的な方法による検証を求める。その方法として有力と言えるのがプラグマティズムなのである。

様々な宗教的経験に共通する事実として、ジェイムズは「信仰状態や祈りの状態におけるエネルギーの実際的な流入」［VRE 463］を見出した。こうした流入は、その経験をした当人のその後の行動を大きく変える。したがって、より高い力との交流がなされるとき、その力の存在はプラグマティックに認められる。

この問題の目に見えない領域は単に理想的なものではない。というのも、それはこの世界のなかに効果を生み出すからである……他の実在のなかに効果を生み出すものは、それ自身ひとつの実在と呼ばれなければならない［VRE 460-461］。

その交流が妄想にすぎないのではないか、と疑うことはできる。しかし、「理想的秩序」の仮説は、宗教的経験という現実的な現象を説明する、少なくとも可能な説である。言い換えれば、現象世界の出来事を説明する枠のなかに、「理想的秩序」は特に問題なく有効に入り込める。すなわちこの説は、『プラグマティズム』で述べられる経験どうしの「満足な関係」、つまり経験の整合性という基準を取るならば、真理としての資格を得る。

そしてプラグマティズムの真理観によれば、経験の整合性は常に検証され続け、検証されていることはその都度真理が生成していることである。「理想的秩序」はひとつの仮説として、それが有効である限り動的な意味での真理性を持つ、というのがプラグマティズムからの回答と言えるだろう。

現代においては、宗教研究も基本的には自然主義に従って進められるのが常であり、自然界の外部からの介入を認めるジェイムズの見解に賛同できる人は多くないであろう。現代の知識人であれば「超自然主義」という立場を受け入れるのに抵抗があるのも当然である。しかし、宗教と科学の調和を目指す上で自然主義をベースにするのは、一般の信仰者にとっては困難なことである。宗教の伝統的理解を変更することは、学問的に可能でも信仰の現場に適用することは簡単ではない。

その点ジェイムズの主張は、宗教が持つ理想的秩序の希求と宗教的経験による救いを理論的に保証しており、宗教の身近さを十分に保っている。このことによって、力の介入が意識世界に限られている限り、救済を求める素朴な信仰も科学との共存が可能になる。「宗教と科学」の仲介理論として、科学的知識と衝突しない超自然主義は現代でもひとつのオプションたる可能性を持つのではないだろうか。

プラグマティズムにおける有用性という基準は、超自然的な神を信じることがより良い結果をもたらすという具体例にひとつの起源を持っていた。また、ジェイムズの多元的な真理観は、個別的な救済現象を可能にするという意味で、超自然的な宗教観と関わりを持つ。そして、ジェイムズの超自然主義を表現する「理想的秩序」は、整合性の検証という経験的方法によって真理性を付与されうることになる。

このように、プラグマティズムがジェイムズ流に構築されるなかで、超自然主義は直接・間接に様々な影響をもたらしている。超自然主義を棄却してもプラグマティズムは成り立つものであるが、ジェイムズの超自然的な視点がなければプラグマティズムの歴史的な発展・展開はなかったかもしれない。

ジェイムズの超自然主義への志向は、霊的なものへの憧れから来るというよりは、知性で捕捉できるものへの物足りなさから来ているように見える。限られた知の領域を根拠に閉じた体系を作ることへの批判は、自然主義への批判ともなる。ジェイムズは常に未知の可能性を考慮に入れて宇宙を解釈する。その際、プラグマティズムの論理は有効なツールとして機能していると言えるだろう。

第7章

信じる意志

『信じる意志』は、心理学者として名を成したジェイムズが、一八九七年に出版した初の哲学論文集である。その冒頭の四篇は「宗教的信仰の正当性を擁護すること」[WB/P 449] を意図するものであり、なかでも巻頭の表題論文である「信じる意志」で展開される議論はその立場を鮮明に描き出している。

この論文はジェイムズの著述のなかでも比較的広く知られており、宗教を擁護する哲学理論のひとつとして取り上げられることも多いが、その一方で様々な批判を浴びてきているのも事実である。例えばバートランド・ラッセルは「ある種の宗教的教条について、もっともらしい、しかし詭弁的な擁護を差し出そうと意図されたもの」[1]と言い、またジョン・ヒックは「真理は知られていないのだから、私たちは好きなものを信じてよいのだ、と彼は言っているのではないか」[2]と断じている。

こうした批判が頻出する理由のひとつに、この「信じる意志」が一見非常に読みやすいということがある。論文の主題はジェイムズ自身が明確にテーゼを立てているため把握しやすく、難解な用語もほとんど用いられていない。しかし実際には、ジェイムズの文章はかなり入り組んでおり、短い論文中に多数のモチーフが盛り込まれているため、丁寧に精読しない限り、容易に読み落としや誤解を生じてしまう。その結果、「信じる意志」については、関心の広い哲学者たちが批判を行い、それに対してジェイムズ研究者がひとつひとつ応えていくという状況になりがちである。

そういう意味で、本章の試みもジェイムズ批判への応答の一端を担うものである。加えて、わが国では「信じる意志」についての綿密な分析研究がほとんどなされていないため、批判を考慮しつつ精読することで、ジェイムズの見解を明確化することが目的のひとつとなる。さらに、ここではプラグマティズムと倫理を切り口としてこれを論じることを試みる。プラグマティズムと関連づけることで「信じる意志」の主張はより明瞭になり、また、ジェイムズの論理を特定の場面での実践倫理として解釈することによって、その妥当性を補強しうると考えるからである。この考察によって、ジェイムズ宗教論において救済の持つ意味と、人間の感情が科学的態度とどのような関係を持つべきかについてのプラグマティックな見解を読み取ることができるだろう。

第1節　「信じる意志」の構成とその主張

ここではまず、「信じる意志」の複雑な議論を解きほぐして論点の明確化を試みる。その上で、多くの先行研究が指摘する、この議論には二つの主張が含まれているという見解を採用したい。ここでは第一の主張を「信じる権利」、第二の主張を「信じることの必要性」と解釈する。

「信じる意志」で展開される議論は、直接的にはW・K・クリフォードの論文「信念の倫理」[3]

への反論として書かれている。クリフォードの懐疑的実証主義は、ジェイムズも引用している「不十分な証拠に基づいて何かを信じることは、いつ、どこであれ、また誰にとってであれ間違いである」〔WB/W 462〕という言葉に端的に現れていると見てよい。

ジェイムズはこの時代に広まりつつあった風潮、すなわち、いわゆる「科学的」な実証主義を絶対視して、それを信じることの道徳性にまで拡張するという態度に、人間の宗教心の危機を見た。そしてパースの提唱から約二十年間、懐に温めつつあったプラグマティズムの論理を駆使して、明快な反論を企てたのである。したがって、「信じる意志」は信仰擁護論ではあるけれども、その主題はクリフォードと同じく「信念の倫理」、すなわち証拠のない信念を持つことの道徳性ということになる。

さて、「信じる意志」は先述のようにかなり複雑な議論であるため、ここではまずその全体像を概観してみたい。論文の構成は全十節から成るが、第一節から第九節までは信念（belief）一般を扱い、最後に第十節でそれを宗教の問題に適用するという形になっている。

まず冒頭の三つの節で議論の前提が提示される。第一節では最初に、「私たちの信念に提示されるであろういかなるものにも仮説の名を与えることにしよう」〔WB/W 457〕と宣言され、信念を持つことが科学における仮説採用に擬えられている。そして仮説には「生きている（live）」あるいは「死んでいる（dead）」という状態があることが指摘される。

「生きた仮説」とは、「それを提示される当人に本当に可能なものとして訴える仮説」〔WB/W

458］を指すと言う。仮説の生死とは、平たく言えば、可能性として現実的と思えるかどうかである。例えば、一般人にとって「結婚して家庭を築く」ことは生きた仮説でありうるが、「オリンピックに出場する」ことは死んだ仮説であろう。望んだからといって死んだ仮説を現実的とは思えないのである。

しかしこうしたことはその個人の属性によって事情が異なる。カトリックの司祭であれば結婚は死んだ仮説だと言えるし、国内トップクラスのアスリートであればオリンピック出場も生きた仮説であろう。つまり、「ある仮説において、死んでいること、生きていることは内在的特性ではなく、それを考える個々人への関係」［WB/W 458］だということになる。

次に、この論文でもとりわけ目を引く仮説選択の分類が提示される。ジェイムズはまず、「二つの仮説の間での決断を選択と呼ぶ」と定める［WB/W 458］。そして「選択」には、第一に「生きた」あるいは「死んだ」選択、第二に「強いられた（forced）」あるいは「避けられる（avoidable）」選択、第三に「重大な（momentous）」あるいは「取るに足らない（trivial）」選択があると類別していく。

ここで言う「生きた」選択とは、「両方の仮説が生きた仮説」である場合、「強いられた」選択とは、「その二者択一の他に取るべき立場がない」場合、「重大な」選択とは、「唯一の機会」であるような場合だと説明される。そして、選択が「生きた」、「強いられた」、「重大な」ものという三つの条件を満たすとき、それは「正真正銘の（genuine）」選択と称される［WB/W 458-459］。

例えば、就職に際してA社から内定をもらい、受諾するかどうかの期日が本来希望するB社の面接前であるとしよう。この場合、受諾するかどうかはどちらも可能な生きた選択であり、保留という逃げ道がないという意味で強いられた選択であり、一生の方向性を決める重大な選択だと言えるだろう。

こうした概念が提示されたのち、続く第二節、第三節では「人間の所信についての現実の心理学」[WB/W 459]として、仮説の生死を左右するのは、意欲、恐れ、偏見、社会的圧力など信念のありとあらゆる因子から成る「意志的本性」であって[WB/W 462]、「私たちの非知性的な本性は私たちの確信に影響を及ぼす」[WB/W 464]ということが指摘される。

そして第四節で、論文の中心となる以下のテーゼが提示される。

> 命題間の選択がその性質上、知的根拠に基づいては決められない正真正銘の選択である場合にはいつでも、私たちの情的本性がその選択を決定するであろうことは合法的であり、またそのように決定するのでなければならない。というのも、こうした状況のもとで「問題を決定せず、未解決にしておけ」と言うこと自体――イエスかノーかを決めるのとまったく同様――ひとつの情的な決定であり、それは真理を失う同じリスクを伴うからである[WB/W 464]。

ここで「選択を決定する」とされているのは、実際には「信じる」ことを指している。「問題を決定せず、未解決に」しておくというのはクリフォードのような懐疑の態度である。つまりここでは、信じることが疑うことと同等の権利を持つという主張がなされていることになる。

続く第五節から第七節では、本論を補強するための「予備的な仕事」が付け加えられている。ここでは人がいかにして信念を抱くに至るのかという内省的な心理分析がなされ、真理についての態度としてジェイムズの経験論の立場が示される。

第八節において「本論」が再開され、科学的な問題であれば証拠を確かめる態度が望ましいことが譲歩的に述べられたのち、第九節、第十節で、道徳や宗教の問題は「ある事実に対する信仰(faith)が、その事実を生み出す助けになりうる場合」[WB/W 474] であって、真理を得るためには信じることが必要であるということが示されて論文は終わっている。

さて、こうして改めて概観することで何が見えてくるだろうか。第一には、信じる権利を主張する第四節と、信じることの必要性を説く第九、第十節とが二段階の主張になっていることである。この論文については、そのなかに二つの主張が含まれていることが古くから指摘されているが、それは今注目した二段階の主張と大枠において対応している。

従来指摘されていた二つの内在する主張であるが、例えばG・ケネディは第一の主張を「信じる権利」、すなわちある条件の下で証拠に先立つ信念が正当化しうること、第二の主張を「信じる意志」すなわちある条件の下で信念は結果を異なったものにする要因であること、とする。[4] また、E・H・マッデンは、第一の主張を「弱い形の信じる権利説」、第二の主張を「感情的、意志的な要素がより重要な役割を演じるより強い主張」と呼ぶ。後者が「より強い」のは、それが「十分な証拠なしに信じようとすることが当の証拠を得るための条件という状況がある」ことの指摘だからである。[5]

この両者は、主張の取り出し方については一致している。つまり、第一には、証拠なしに信じることと、クリフォードのように疑うこととが対等の権利を持つという主張、第二には、信じることが真理を生み出す場合があるという主張である。その上で、ケネディは後者を重視しない態度を示すのだが、マッデンはそれが「より強い」点に注目している。信じることが「条件」であるということは、特定の状況では信じることが必要だということである。そして少なくともジェイムズ自身は論文中で信じる側に「賭ける」ことを選んでおり、論証とは言えないまでも、信じることが懐疑の態度に優越することが暗示されている。

ところで、これらの主張は明らかに、有名な「パスカルの賭け」を下地にしている。「パスカルの賭け」は、**①神の存在は理性では判断が不可能であり、信じるかどうかは必然的に賭けになる②得られるものと失うものを比較するなら、信じる方に賭ける方が勝算が高く、理にかなっている**という二点を指摘するものだが、この二点はジェイムズの二つの主張にそれぞれつながっている。この「賭け」の正当性については、後節で論じることにしたい。

さて、論文の概観からは、もうひとつ知見を得ることができる。それは、「生きた仮説」ということが、他の諸条件とは別格の扱いになっていることである。「選択」の分類が目を引く記述であることから、「生きた」、「強いられた」、「重大な」の三要素は一見同格の条件に見えるのだが、「生きた仮説」という概念は選択の分類が始まる前に独立して取り上げられているのであり、ジェイムズの議論全体が「生きた仮説」だけについてのものであると見なければならない。実際、第十節で議論を宗教に適用するに当たっては、「もしあなたがたのうち誰かにとって、宗教が、いかなる生きた可能性によっても真であり得ない仮説であるなら、その人はもうこれ以上進む必要はない」[WB/W 475]とされている。

これに対して「強いられた」「重大な」ということは必ずしも不可欠な条件ではないように見える。テーゼでは「正真正銘の選択」であることが前提されているものの、宗教を論じるにあたっては、宗教が永遠の事柄であって、それを信じることでわれわれの状態がよくなるということが「本当に真である場合……第一に、宗教は重大な選択として立ち現れる……第二に、宗教はその恩恵に関する限り強いられた選択である」[WB/W 475]という記述になっている。つまり、宗教的仮説の選択は可能性として「重大な」、「強いられた」ものであるということである。

もちろん「強いられた」「重大な」の二要素も議論の説得力に大きく寄与するものではあるが、仮説が「生きている」ことがすべての前提であり、不可欠な条件であるということは、議論に埋没させてしまわないよう注意しなければならない。

ひとつの例として、ラッセルの批判を見てみよう。ラッセルは「必要性」の主張への反論として、故意に奇抜な名前を挙げ、知らない人と出会ったとき「彼の名前はエベネザー・ウィルクス・スミスだろうか」と自問する状況を設定する。そして、ジェイムズの議論に当てはめるなら、「それが彼の名だと信じると私が決めるならば、私が正しく信じているかもしれないというチャンスはある」ことになるという異様さを指摘する。[6]

ラッセル自身はこれを「確率」の話へ展開させているのだが、この見解は確率以前に「生きた仮説」ということを考慮していないと言わざるを得ない。知らない人の名前を当てることができると本気で思える人はいないであろう。このように「死んだ仮説」を適用した例を無意識に用いてしまう批判者は少なくないと思われる。ジェイムズの議論が「当人に本当に可能なものとして訴える仮説」を前提としていることを、改めて明記しておきたい。

では、これらを考慮した上で、「信じる意志」の二つの主張をそれぞれ検討することにしよう。まずは信じる「権利」についてである。

第2節　「生きた仮説」を信じる権利

「信じる意志」に対する批判の多くは、信念の形成過程に主観的、さらには願望的な影響が侵入することを許している点に向けられる。こうした批判が、知的判断の軽視を非難するものであるとすれば、それは初歩的な誤解だと言える。というのも、前述のテーゼにおいて、この議論が「その性質上、知的根拠に基づいては決められない」選択の場合であることは明言されているからである。つまり、この議論の対象は知的判断が不可能な状況に限られており、さらに言えば、ジェイムズはそれでもなお知的に判断しようとする努力を怠らない。

「信じる意志」では、感情に基づいた信念を許すという方向性が強く見えるため、読者がその印象を拡大させてしまいがちであるが、ジェイムズはあくまでも知的な議論として信念の倫理を論じている。このことを理解するために、ここで「信じる意志」とプラグマティズムの関係について確認しておきたい。

『信じる意志』の諸論文を執筆当時のジェイムズはまだ「プラグマティズム」を標榜してはいなかったが、その序文では「もっとも真に近い科学的仮説は……もっともうまく〈働く〉仮説であり、宗教的仮説についても別様ではあり得ない」[WB/P 450]と述べられ、本論中では、「決定されるべきは、思考がどこから来るかではなく、それが何を導くかである……思考の行程全体が仮説を確証し続けるならば、それが、経験論者が仮説を真と言うときに意味していることである」[WB/W 468]とされている。こうした記述は事実上プラグマティズムの表明であり、「信じる意志」がプラグマティズムと強く結びついていることは疑い得ないであろう。

ただしここで注意すべきは、ジェイムズのプラグマティズムが一般に考えられているほど「有用性」を強調するものではなく、「うまく働く」ことを「確証し続ける」ということにも大きな力点が置かれているということである。すでに第5章で確認したように、後の『プラグマティズム』では、有用性の前提として、他の諸経験との整合性が要求されていることがはっきり見て取れる。つまり、仮説は様々な経験のなかで不断の「検証」にさらされているのである。ジェイムズは科学の方法を強く信頼しているため、仮説と検証という手続きを、適用できる場面には最大限に適用しようとしている。

ジェイムズの哲学は概して大らかで肯定的であるため、その批判的側面が見落とされがちだが、例えばマッデンは伝記的事実や手紙から、ジェイムズが「信じたいと望む結論に飛びつくには程遠く、いかなる問題にもほとんど結論を下すことができなかった」こと、「絶えず心を決めかね、より納得できるものを求めていた」ことを指摘して誤解を解こうとしている。[7] またジェイムズが、信仰に証拠などいらないという意見に対して、宗教的信念に知的根拠はあるべきだと応えている事実もある。[8]

これらのことを考えるならば、「信じる意志」が、何でも好むものを信じてよいというものだという見方は当を得ていない。ジェイムズは、証拠よりも願望が優先するとはまったく言っておらず、むしろ科学の仮説のように「うまく働く」信念を擁護しているのである。

では次の問題として、信念のうちに願望が混入すること自体は許されるべきだろうか。このことについては、H・ブラウンの分析が非常に明晰であると思われる。

まずブラウンは、ジェイムズの主張の真意が、「生きた命題の場合、主観と世界とは経験の構成において、蓋然性と望ましさとを内省的に解きほぐすのが……非常に困難であるような仕方で関係している」[9]という点にあるということを指摘する。

実際、「信じる意志」の議論は信じる側の正当性を、懐疑の態度が情的な選択であることを示すことによって確立する論法を取っている。証拠がなければ信じないという態度もまた固有の願望、すなわち「不十分な証拠に基づいて決着をつけることで偽りを信じるという恐ろしい危険を招くよりも、むしろ何も信じず永久に心を決めずに」[WB/W 469] おきたいという欲求に基づく選択だとすれば、情的に信じるという選択は当然それと同等の権利を持つことになる。これが「権利」論の骨子である。ではこのことをもう少し仔細に検討しよう。

ブラウンは、ジェイムズの言う仮説の「生きていること（liveness）」について、三つの特徴を挙げている。

第一に、この語が「あらかじめ存在している信じる傾向」[WB/W 460] に関するものだということが指摘される。[10] ブラウンによれば、ジェイムズが関心を持っているのは「人が〔あらかじめ〕存在するある種の信念あるいは信じる傾向を持っていて……それが別の択一的な命題に〈脅かされて〉いる」状況であり、ジェイムズの意図は、「〔あらかじめ〕存在しているある種の信念や信じる傾向との関係において、何が知的に責任あるふるまいに相当するだろうか」という問いに答えることにあるという。[11]

「生きた仮説」という概念を用いるジェイムズの意図がこのような状況であるなら、その仮説はまさに生きて動いているかのような、生活に密着したものである。これを選択するというのは、極めて実践的な場面である。つまり、ジェイムズの主張は、批判者の多くが言うように願望的に信念を作ることを意味していない。すでに存在する信念の競合に巻き込まれ、その選択を迫られる状況下で、いかにふるまうべきかという実践倫理の問題として吟味されているのである。

「生きていること」の第二の特徴は、生きた選択が「当人には不条理と思われない」[WB/W 477] という点である。ここには文化的背景の影響が含意されている。ジェイムズは「はっきり述べたり擁護したりしようとする際に困難を経験するような合理性、それにもかかわらず、多くの命題がそれを抱く者に対して持つ奇妙な合理性」に注意を向けさせたとブラウンは言う。こうした合理性を持たない、「広く非難されるような数多くの信念は、出現した時点で多くの人々にとって極めて妥当ではないと見える」はずであり、「信じる意志」は、正当化できないことが明白な信念を大目に見るものではないのである。[12]

ところで、社会的に容認可能で、当人には不条理と思われない命題を選択するというのは、科学における仮説と検証の営みにも当てはまると言えないだろうか。ジェイムズはしばしば、科学ですら本質的には信じることの上に成り立つことを指摘している。例えば『信じる意志』の第三論文「合理性の情操」には次のような記述がある。

私たちの精神的態度の構成要素として信仰 (faith) が必要なことは、今日の科学哲学者たちによっても強く主張されている。しかし極めて独断的な気まぐれによって彼らが言うには、ひとつの特定の命題――すなわち自然の行程は斉一的であるという命題――のために用いられる場合にのみそれは正当なのである［WB/S 524］。

ここで指摘される「自然の斉一性」などは、証拠がなくとも皆が暗黙のうちに受け入れるような「奇妙な合理性」の好例だと言える。

では、そうした仮説の「生きていること」はどのようにして生じるのだろうか。これを述べたのがブラウンの指摘する第三の特徴である。仮説は「多くの影響の複雑な相互作用」によって生きるに至る。[13] 文化的、社会的その他様々な心理的影響は、それを具体的に分析することが不可能なほどの複雑さを持っている。そして「多くの生きた命題の事例において、こうした影響は一緒に生きていることを構成する」と言う。[14]

この影響の複雑さを直視するなら、判断から主観を分離することが決して容易ではないということに気づくはずである。ジェイムズがクリフォードの態度のうちに「騙されることへの内心の恐怖」［WB/W 469］を見出したことは極めて重大な指摘であり、この要因に気づかなければ、むしろ不用意に主観の混入を許してしまうことになる。したがって、「願望の侵入を許す」という事態は懐疑の立場にも当てはまり、「信じる意志」に対する批判にはなり得ない。そしてまた、信念の論理として実証主義を用いることの根拠も揺らぐことになる。

それでは、主観がどうしても取り除けないとした場合、あらかじめ存在する信念への態度として、ただ信じたい願望に従って信じればよいのだということになるだろうか。もちろんそうではない。先述のように、論証や証拠に基づくのではない別種の「合理性」をジェイムズは考えている。ブラウンもまた、先に確認したようなプラグマティズムの整合主義的側面を指摘する。つまり、命題はいかなるものであれ孤立してはおらず、ある種の統一性のもとにある。その統一性は楽曲の調性のようなものであり、「このバランスは、主観が個人的利益への関心から簡単に無視してよいものではない」のである[15]。

また、ジェイムズは後の『諸相』で宗教の真理性をその「果実」によって判定しようとするが、その「宗教の果実は常識が判断しなければならない」[VRE 310]とされている。ジェイムズの宗教論では主観的な側面が強調されることが多いが、その「主観」が社会から独立しては成り立たないことを、心理学者であるジェイムズは十分に認識していたと言える。

さて、信念の正当性が社会的に成立するものであるならば、信じることが許されるか否かを決める倫理的基準が必要であろう。クリフォードは「証拠」が基準であるべきだと考えるのだが、道徳や宗教といった価値を含む命題は、そもそも「その性質上、知的根拠に基づいては決められない」ものと言える。

そこでジェイムズはプラグマティズムの導入によって、その信じた帰結がうまく働くことを基準として提案する。ジェイムズの見解では、科学がその前提である「自然の斉一性」を証明できない限り、科学的真理ですら、それが「うまく働いている」ことによってのみ、つまりプラグマティックにのみ真であることになる。このことは、プラグマティックな基準の正当性を補強する材料となるだろう。

「信じる意志」の議論に戻るならば、あらかじめ存在する信念や信じる傾向に対して何らかの対応を迫られる実践的な場面において、知的に誠実な態度とは、帰結を検証し続けることによって証拠不足を補うことだとジェイムズは考える。そしてプラグマティックな意味での「真理」は検証の過程において更新されていくものであるから、ブラウンの言葉で言えば「責任ある行為の現実的な基準は発達させられうる」[16]のである。

以上のことから、ジェイムズの「権利」論はクリフォードの実証主義を、同じ情的選択という土俵に引き下ろし、さらに基準の代替案を提示することで、十分な妥当性を持つものになっていると言える。しかしジェイムズの主張は、信じることと疑うこととが同等であるというだけでは終わっていない。

第3節　信じることの必要性

1　自己立証的な命題

「信じる意志」の解読がある意味で難しいのは、「権利」の主張と「必要性」の主張が重なり合って展開しているためだと言える。そして「権利」が信じることと疑うこととの対等性を論証している限り、信じることを必要だとするのは難しいように見える。しかし「必要性」が、特定の状況のみを前提していると考えるならば、この両立も可能となるであろう。

第九節、第十節で示される必要性の議論は、ある特定の種類の命題の提示から始まる。それは、「ある事実に対する信仰が、その事実を生み出す助けになりうる場合」[WB/W 474] というものである。この状況については他にも、「ある種類の真理への欲求がその特別な真理の存在を実現させる」[WB/W 473]、あるいは「真理が私たちの個人的な行動に依存する際」[WB/W 474] などと表現されているが、これを欧米の先行研究に倣って「自己立証的」(self-verifying) な命題あるいは状況と呼ぶことにしよう。[17]

自己立証的な命題とはどのようなものかと言えば、それは基本的に「解決するために知覚可能な証拠を期待できない」[WB/W 472] 事柄で、道徳や人間関係がその例となる。ジェイムズが挙げる典型的な状況は、自分が好かれていると信じて交友することで実際に好かれるという関係が現実化する状況、逆に言えば、好かれているかどうか確証できるまでは猜疑心を持って付き合うという態度が、好かれないという現実を導くといった状況である [WB/W 473]。

さらにジェイムズは列車強盗の例を挙げ、少人数の強盗が大人数の乗客に対して優勢でありうるのは、強盗が仲間の行動を信じ、互いに信用があるのに対して乗客間にはそれがないからだと言う [WB/W 474]。この例は、信じることが事実を生み出す力を持つことを端的に表わしている。実際、信用は金融経済の、さらに言えば貨幣経済のまさに前提でもあり、経済は言うまでもなく社会の現実である。

そうなると、前節で見た科学観を含め、人間が関わる事柄はほとんど自己立証的とも考えうる。このことについては「何でも信じれば本当になるのか」という批判が想定されるが、信念は常に検証されるという前提を繰り返すとともに、この議論が静的な真理認識へのアンチテーゼとして提出されていることを指摘しておきたい。自己立証的命題の存在は、少なくとも人間の事柄についての真理が常に生成中であることを明示する役割を果たしているのである。

さて、自己立証的状況の適用範囲がかなり広いことを考慮に入れつつも、ここで問題となるべきは宗教であり、もちろんジェイムズは宗教が自己立証的であると考える。その根拠は、第一にそれが本性上証拠を提出できる類の事柄ではないこと、そして第二に、少なくともジェイムズの宗教観では、宗教とは神的な存在との対他者関係であるということが挙げられる。

私たちが宗教的であれば、宇宙はもはや私たちにとって、単なるそれではなくて汝である。そしてここでは、人から人への間で可能ないかなる関係も可能となるだろう［WB/W 476］。

ここで「汝」は「宇宙」を指しているが、「神」と考えても差支えがないと思われる。[18]経験的に見る限り、神的な存在への祈りに応じて何らかの変化が生じる、ということは宗教現象に一般的な構図であろう。それならば、人間関係と同じ構造を人と神との間に見てもよいことになる。[19]ところでこの論理に対して、伝統的有神論において神は人間の意志に左右されるものではないという理由から、「信じる意志」が伝統的有神論を適用範囲に含まないという見解がある。[20]しかしこれは教義上の視点と経験的な視点を混同しているように見える。ジェイムズの徹底的な経験論からすれば、経験される事柄自体は「信じるならば、ただちにより良い状態になる」［WB/W 475］ということだけであり、神が人間の意志をどう扱うのかは、経験される事柄ではない。したがって、伝統的有神論を信じることも、やはり自己立証的な状況に含まれることになるだろう。

2　作動原理としての信念

状況が自己立証的であれば、信じるという選択は、それによって新たな現実を出現させる。次にここでジェイムズの論理を支える興味深い指摘を押さえておきたい。それは、信念の選択とは、一般に考えられているように「信じるか信じないか」ではなく、実際には「信じるか懐疑か」であるということである。ジェイムズが想定するような実践的なレベルにおいては、疑うことと信じないこととの間に差異はない。疑うのは保留する意図によるものかもしれないが、それが導く結果を見るならば、信じないと決めることと同じなのである。

例えば先に挙げた就職の例で、A社に返事をしないでおくことは、断ることと同義であり、そこから生み出される現実は、A社に入社できないということである。つまり、選択が正真正銘の選択であるなら、仮説への態度は、クリフォードが想定するような、**①信じるか信じないかを決める②保留**のうちでの選択ではなく、**①信じる②保留および信じない**のうちでの選択になるというのがジェイムズの指摘である。

したがって、「信じる意志」第四節のテーゼで示されているように、懐疑の態度は保留ではなくすでにひとつの選択であり、信じるか疑うかによって生み出される現実が異なるということが、この議論の核心となる。このことは、クリフォードの立論自体を無効化するものと言えるだろう。

ここで再びラッセルの見解を見てみたい。ラッセルは「信じる意志」の議論に関して完全に否定的な立場を取っているが、その批判は奇妙に映る。

ジェイムズは、まるで完全に信じることと完全に信じないこととが唯一の二者択一であるかのように、あらゆる色合いの疑惑を無視して言った。例えば、私がある本を自分の本棚で探しているとしよう。私は「それはこの棚にあるかもしれない」と考えて探しにかかる。しかし、その本を見つけるまでは、「それはこの棚にある」とは考えないのである。[21]

この論評が誤解だと考えられるのは、ジェイムズは「完全に信じる」という状況も「完全に信じない」という状況も考えていないからである。そもそもジェイムズの想定している状況は「生きた仮説」が競合する極めて微妙な選択の場面であって、ラッセルの言う「疑惑」の渦中での実践が問題になっている。したがって、「かもしれない」と考えて「探しにかかる」ことがまさにジェイムズの主張する「信じる」ことに相当すると考えなければならない。この場合、懐疑の態度というのは、いわば探さずに考え続けることに相当するだろう。

そういう意味で、「信念の論理」として考えるなら、実はラッセルとジェイムズは衝突していない。両者とも、検証を奨励するのである。二人の相違はその真理観にあるのであって、ラッセルには、実践のうちで変化するようなものを「真理」とは認められないのであろう。

先述のようにジェイムズは「思考の行程全体が仮説を確証し続けるならば、それが、経験論者が仮説を真と言うときに意味していること」[WB/W 468]と言い、『プラグマティズム』では、真理は動的なものであり、検証されている間のみ真理は真理であることが示されている。さらに、命題が自己立証的であるならば、「私たちから仮説に歩み寄らなければ証拠は永遠に与えられないだろう」[WB/W 476] という見方ができ、懐疑に留まっていては検証がなし得ないことになる。「仮説のもとにある個々人が生活のなかで自由に表現する行動的な信仰は、その仮説を検証する実験的なテスト」[WB/P 450] と言われるように、ジェイムズの見解では信じて行動することが仮説の検証であり、その帰結が「うまく働いて」いる間、その仮説は真理とみなされる。つまり、この「検証」は、「完全に信じ」てはいないものの、懐疑の態度とは異なり、過程のなかに飛び込んで、動きながら、常に確証していく営みを意味している。

したがって、ジェイムズの真理観に従えば、信じることは盲信することではなく、検証することを意味すると言ってよい。だとすれば、ジェイムズにとって「信じるか懐疑か」の選択は「検証するかしないか」に置きかえられることになる。そうであれば、信じるという選択を批判することは難しいだろう。

つまり、「必要性」の議論で少なくとも論証されているのは、自己立証的状況というものが現実に存在する限り、クリフォードが定式化した倫理基準が適正ではないこと、すなわち「もしある種類の真理が本当に存在するなら、その種類の真理の認容を完全に妨げることになる思考の規則は不合理な規則であろう」[WB/W 477] ということである。

確かに、真理に到達できなくとも、誤謬を避けるために懐疑に留まる「権利」はある。しかし自己立証的命題において真理を得たいのであれば、あるいは宗教的命題の場合、救われていない者が救われたいのであれば、信じること、すなわち検証の運動を作動させることが必要なのである。このことから、ジェイムズの主張は信じる方がよいという方向に傾いていく。

3 「賭け」の意味すること

ジェイムズが論証を越えて自分自身の意見を述べるとき、それはパスカルの説に極めて接近して見える。つまり、真偽が不明の状況下で、懐疑主義者なら「誤謬の可能性よりも真理を取り逃す方が好ましいリスク」[WB/W 475] と考えるのだが、ジェイムズは、その場合「懐疑にとどまってさらなる証拠を待つことによって……もし宗教が真であれば、積極的に信じないことを選んだのとちょうど同じくらい確実に、私たちは恩恵を取り逃がすことになる」[WB/W 475] ことを見出す。その結果、「宗教が真であってその証拠がいまだ不十分な場合、私は……勝利の側に立つ、人生で唯一の機会を失いたくない」[WB/W 476] と主張されることになる。この論理は「パスカルの賭け」をほぼ踏襲していると言ってよいだろう。

この点についてヒックは、自己立証的命題も当たるかどうかわからない予言的仮説にすぎず、結局のところ「信じる意志」の議論は「パスカルの賭け」と同じ構造の打算的な賭けだと言う。[22] しかし、パスカルもジェイムズも、人はすでに賭けの状況に置かれているのだという実践的な視点で論じているのであって、この場合「賭け」そのものへの批判は妥当ではない。

また、パスカルが伝統的有神論の枠内で考えていたのに対し、ジェイムズの場合は信じて行動することで生み出される自己立証的な真理性を問題にしているため、信じることはより決定的な契機となる。

さらにジェイムズの「賭け」は、「私は……失いたくない」という表現が示すように、まさに自分がその問題の渦中にいるという当事者意識からなされているところに特徴がある。ジェイムズの哲学は具体的な経験に密着することを基本的態度とするため、その探究は外部からの視点ではなく、自分が内部に巻き込まれている形でなされる。とりわけ宗教論については、ジェイムズ自身の切実な救済への希求がその考究の出発点になっていると見られ[23]、それを裏付けるように『諸相』では、「病める魂」の人々の救済現象に焦点が当てられている。それならば、「信じる意志」も、救いを希求する人々への共感のもとに書かれていると見てよいだろう。

パスカルの論理に関しては、ヒックが「打算」と呼んでいるように、損得を天秤にかける態度が不道徳だという指摘もある。しかし、その論理はある状況においては極めて正当なように思われる。それはすなわち、当事者がすでにマイナスの状況にいてそこからの脱出を求めている場合であり、これを取り上げたのが「信じる意志」の議論だとは言えないだろうか。

この状況下では、損得は作動か停滞かに置換されると言ってよい。真理は動的な過程であるというプラグマティズムの見解からすれば、真理を求める限り動き出さねばならないことになる。F・C・S・シラーが言うように、「誤謬を生み出す過程は真理を生み出す過程でもある」、「探し求めなければ見つけられない[24]」のである。

実際、ジェイムズは「合理性の情操」で次のように書いている。

個人は損失を逃れるために人生の勝負をするのではない。というのも彼は失うものを何も持っていないからである。彼は得るために勝負をするのである [WB/S 527n]。

宗教が主題となる場面においては、救いを求める者にとって、状況を動かすことがどうしても必要になる。信念の倫理として、救われていない人間にそのままでいろと言うことがはたして道徳的であろうか。信念を作動原理としてみるならば、救いを求めて証拠のない宗教的仮説を信じることは決して不道徳な行為などではなく、極めて正当な賭けだと言うことができるのである。

証拠なしに信じることは善か悪か。この問いは、「信じる」ということ、そしてその命題の「真理性」をどう捉えるかにかかっている。確かにジェイムズの議論は、「救われたいなら信じてみればよい」という単純な言説のようにも見える。しかし実践的な場面では事実上保留という選択肢がないこと、その一方で自己立証的状況が確かに存在することを考えるならば、暫定的な真理を信じることは理にかなっている。[25]

この真理は、人が生活のなかで自然に信じるもの、矛盾が生じるなら容易に変更されるものである。それは願望や欲求によって決定できるようなものではない。信念は、整合性や暗黙の合理性に対して不断の検証を求められている。そしてこの運動性のなかで信念は「働く」のである。

哲学はとかく絶対普遍の真理を求めがちであるが、ジェイムズのプラグマティズムでは実践のなかの真理こそが真理だと考える。つまり、「信じる意志」への批判の多くは、プラグマティズムの動的な真理観そのものを把握しそこなっている。

さらに、その動的な真理のなかに自ら巻き込まれているというジェイムズの当事者意識は、批判者との大きな相違点である。とりわけ宗教的信念が主題の場合は、当人にとっての切実さと、証拠の得がたさとが際立っている。クリフォードのような懐疑は、健康な心の者には正当かもしれない。しかしそれは、救いを求める者に押し付けるべきものではない。彼らには事態を動かすことが必要なのであり、その意味で、切羽詰まった場面において「信じる」ことは、懐疑に優越するとも言えるのである。

第8章

ジェイムズの自由意志論

意志の自由というものが本当にあるのか、というのはよく知られた哲学上のテーマである。人は常識的には自分の意志に従って行動しているつもりでいる。しかし近代以降、万物は物理法則に支配されており、人間の思考も行動もすべて決まっているという機械的決定論がしばしば説かれ、一定の支持を集めてきた。

近年この議論は盛んになっており、とりわけ脳科学の成果を参照して自由意志を否定する見解が喧伝されているようである。しかし、意志の自由は道徳的責任の根拠ともみなされるものであり、決定論を認めれば現実生活にも大きな影響を及ぼすことになる。例えばアメリカでは、殺人の弁護に「脳内物質の状態のせいだ」という主張が大真面目になされる事態も起こっている[1]。こうした見解は「科学的」という装いに大きく影響されていると思われるため、およそ妥当とは言い難いこの状況については、科学的言説の信頼性について吟味すると同時に、科学の意味を再考する必要もあるだろう。

本章では、自由意志をめぐるこうした問題状況に関して、ジェイムズの哲学を用いて考察を行いたい。ジェイムズはまとまった形で自由意志論を著述してはいないが、意志の自由が彼の根本的なテーマのひとつであることは広く研究者に知られている。また、ジェイムズはもともと科学者としての訓練を受けており、特に心理学の研究においては、心の仕組みを脳の構造や生理学を考慮して記述しているため、自由意志の問題が科学的にも哲学的にも熟考されていることが推察できる。

宗教との関係で言えば、そもそも自由意志は信仰の前提である。意志の自由が存在しないなら、信仰を持つということには意味がなく、宗教にも意味はなくなる。また、後述するように、ジェイムズは自由意志の問題と宗教の問題を並行的に考えている面がある。自由意志の問題はジェイムズの「宗教と科学」関係論を見ていく上で、欠くことのできないピースなのである。

そこでここでは、前半でジェイムズの科学的な側面を取り上げ、現在の脳科学の成果も検討しながら、自由意志の問題を精査する。後半では哲学的な側面から、自由意志を信じる正当性を吟味するとともに、科学とは何かという問題も見直してみたい。

第1節　科学と自由意志

1　ジェイムズの科学観と自由意志

心理学時代のジェイムズは科学的志向が強く、経験的事実に基づく科学的心理学の構築を目指していた。この頃の著述においてジェイムズは、自由意志の問題は科学によって結論できないと判断している。

まず「意志」という主題についてであるが、ジェイムズ心理学では拮抗する選択肢のうちひとつを選ぶ決断の場面が注目される。選択肢が同等の条件や魅力を持つ場合、そのひとつが選ばれることは必然ではない。選択を行うのはまさに主体の意志なのである。より具体的には、選択は選択肢の一方に「注意」を向け続けることによってなされる。このとき、もう一方を捨てることには逡巡が生じるため、心理的な「努力」が必要だとされる。

したがってジェイムズによれば、「注意の努力が意志の本質的現象である」[PB 418]ということになる。この場合、もし意志の自由を科学的に観測しようとするならば、内的な努力の量がデータとして必要になるが、これは事実上計測不可能である。このことから、ジェイムズは自由意志の問題を保留する態度を示す[2]。

> 自由意志の問題は厳密に心理学的基盤に立っては解決できない……仮に私たちの意志が自由であっても、〔心理的な〕努力の量は計算し得ないものであり、科学的心理学はこれを扱わない……科学的心理学は自由意志の存在を必ずしも否定することなく自由意志を除外するのである[PB 423-424]。

証拠が示せないのであるから、決定論の立場が選ばれることもない。この問題はまったく中立に放置されるのである。機械的決定論者は一般に、生物が物質から成り立っていてメカニカルな基盤を持つことから、すべてを機械的に理解する。生理学に通じているジェイムズももちろん生物の機械的性質は熟知しているが、それがすべてだとは考えないのである。

例えばジェイムズは、当時の生理学の大きなトピックであった「反射（reflex）」の説を全面的に受け入れている。動物の行動は感覚の入力があり、中枢で流れが反転し、運動という出力に至るものであって、人間の心理や思考も同様にその流れに則るというのである。ただし、中枢は思考を行う場であって、ここには意志の働きが含まれると見るのがジェイムズの理解である。

> 神経系の構成単位は事実として三つ組であり、そのどの要素も独立の存在ではない。感覚の印象は中枢の反省過程を呼び覚ますためにだけ存在し、また中枢の反省過程は最終的な動作を呼び起こすためにだけ存在している。このようにすべての作用は外部世界への反=作用である[WB/R 541-542]。

この第二段階における思考が、その後の行動に因果的に作用するという見解を明確に示しているのは次の箇所になる。

> その〔生命の〕流れが内部に生じている間、思考[3]の唯一の効用は、現実に目の前にある状況のもとで、これら〔目、耳、手足、唇などの〕どの器官もが全体として私たちの幸福にもっとも都合が

よい仕方で働くように、その方向を決定することである［WB/R 542］。

つまり、反射である限り、感覚から作用へと「流れ」が進むことは必然的であるが、その間で思考による方向づけ、いわば舵取りが可能だというのである。これは反射作用のなかに心的因果が介在するモデルとなっている（このメカニズムについての仮説は第9章で詳述する）。

さて、この理解には、自由意志を擁護する上でのメリットがある。それは、思考という機能が存在することの理由を進化論的に説明できることである。単に機械的な反応だけなら、反射は入力と出力だけでよいかもしれない。しかし実際は、神経系の構造からしても感覚神経と運動神経の他に中枢部分が存在し、人間ではとりわけ大きく発達している。そうであれば、中枢が行動を変化させるために存在するという蓋然性は高い。刺激に対する反応が複雑で多様であることが生存に有利であるからこそ、主体的な選択能力が進化してきたとジェイムズは考えるのである。

私たちの意識[4]は存在している……意識が効用を持たないということは、アプリオリに、まずありそうにない。その効用は、選択ということのように見える［PB 109］。

より原始的なレベルでも、例えば快や苦の感覚は、生き延びるのに有利な行動を選ぶのに役立つと考えるのが普通である。進化上での快苦の因果的有効性は生物学者も前提と考えるほどに信憑性が高い考えだと言える。[5]

2 自由意志をめぐる現代の議論

現在、自由意志の問題については様々な見解がある。この問題は「意識とは何か」あるいは「物理的な脳からどのようにして意識が生まれるのか」といった諸問題と重なり合っているため、かなり複雑な様相を示しているが、ここでは意志の自由という点にのみ絞って大枠での分類を確認しておきたい。

まず、機械的決定論の原理にそのまま従い、意志の自由は存在しないと断定する決定論の立場がある。この立場によると、人間の行動はすべて物理化学法則に従うということになる。旧来この思想は偶然の存在をも拒否していたが、量子力学によって物質存在の基盤にランダム性が認められたため、ランダムな偶然性は許容されることになった。しかしランダムであっても、人間の選択的な意志は否定されることになる。

反対に、意志は因果的に作用して行動を変えることができるというのが自由意志論の立場である。これは大多数の人が普通に抱く考えであるが、その原理が科学的に説明できないという難点がある。

そして、哲学上の立場として一定の支持を集めているものに、両者を折衷した両立論がある。

両立論は行動について機械論的な解釈を取るのだが、因果ではなく状況が自由であるかどうかを問題にする。つまり、意志と行動は結びついていないのだが、状況に選択肢があって、何の強制力もなくどちらを選ぶことも可能ななかでひとつの行動が選ばれ、それを意識が承認するならそれは「自由」だと言うのである。ここで想定される意識の理論は典型的な「随伴現象説」である（この説は厳格な決定論でも採用される）[6]。この見解は、意識を単に脳活動から派生的に生じたものと捉える。脳が行動を自動的に決定しているにもかかわらず、意識はそれを意志によって決めたもののように錯覚するというのである。

自由意志に関する立場は大きくこの三つに分けられるが、両立論はバランスが良い一方で根本的な解決になっていないとも言える。というのも、哲学的に意識と自由の意味を分析することに意義があるとはいえ、一般人にとっての問題は意志が因果的に作用するかどうかだからである。両立論は「自由」の定義をずらしているのであり、因果の点から言うと決定論でしかない。結局問われるべきは、意志は因果的に働くものなのか、あるいは因果作用のない随伴現象なのか、ということである。

さて、こうした状況のもとで、現代の議論では脳科学が決定論を支持するという見解が広まっている。この傾向は、有名なリベットの実験に端を発すると見てよい。一九八〇年代、神経科学者のベンジャミン・リベット（Benjamin Libet, 1916–2007）は、次のような実験を行った。脳波を計測されている被験者に、任意のタイミングで手首を曲げることが指示される。このとき、被験者は時計の秒針のように一定の速度で円状に回転する光を見ながらこの動作を行うよう求められる。曲げようと意志したときに光がどこにあったかを報告させ、被験者の脳の活動のタイミングと比較することで、意志した時点と動作がなされた時点の時間的差異を特定できるようにしたのである。その結果を見ると、実際に手首を曲げる〇・五秒前に脳で準備電位が発生しており、意識的な決断のタイミングは準備電位の発生よりも〇・三五秒後、行動の〇・一五秒前であった。つまり、時系列は準備電位の発生、意志の発生、動作の順であり、意志が行動を起動していないということがわかったのである。[7] この結果を知った多くの論者が、因果関係から見て意志は原因ではなく随伴現象にすぎないと判断し、決定論や両立論が正しかったと主張するに至っている。また、このリベットの実験以外にも決定論を支持するとされる科学実験は数多くなされており、[8] 科学が決定論を証明しつつあるかのように思われているのが現状である。

　しかし実のところ、リベットの実験を含めてほとんどの実験は、その解釈に問題のあることが指摘されている。批判の論点をまとめると、まず第一に、実験はどれも単純な行動を扱っていて、熟慮の上での行動にまで一般化できるのかという問題がある。決断には、ほとんど無作為にできるものもあれば、悩み苦しんだ末に行うものもある。ジェイムズが内的な努力の量を計測できない限り科学的に結論できないと言ったのは、熟慮の場合を視野に入れているからであろうし、意志の力はこういった場合にこそ表れるとも言える。

　第二に、実験はしばしば「意志が行動を決定していない場合」の具体例を見つけ出すのだが、自動的な行動が存在することと、自由がまったくないこととは当然異なる。実際われわれは無意識の行動というものがあることを承知しているし、状況に流されて不適切な行動をしてしまう経験もあるだろう。だからと言ってそれは自由意志の否定にはならない。

そして第三に、実験の構築から解釈まで、いたるところに決定論への先入見によるバイアスがかかっている。例えばリベットの実験については、行動の「起動」こそが意志の表れとみなされがちであるが、そのことは自明ではない。実際、リベット自身はこの実験結果を決定論の証明とは解釈していない。リベットの主張は、意志が生じたのちの〇・一五秒のうちに行動を止められる可能性に意志の自由を見るという「拒否権仮説」なのである。

以上の問題点を考えると、結局のところ現時点での脳科学実験は、意志の自由に関する十分な証拠を提示できていないと言える。

3　科学的人間観と心

こうした実験について、ジェイムズの見解を照らし合わせれば、何が見えてくるだろうか。まず、ジェイムズの立場からすれば、自由意志を擁護する上でリベットの実験はまったく障害にならない。ジェイムズは行動のベースを反射と見ており、行動に向かう一連の流れの起動はそもそも意志的なものではないと考えているからである。その上で、起動後の方向づけに意志の働きを見るというのが舵取り仮説であり、これはリベット自身が起動後の行動制御を想定した拒否権仮説を先取りしているとも言える。むしろ、リベットの説がゴー／ストップというダイナミックな制御を想定するのに対し、ジェイムズの説は流れを左右に振り分けるような形であり、より柔軟でスマートであるように思える。いずれにせよ、ある程度人間を機械的に捉えても、自由意志の仮説は可能なのである。

また、ジェイムズが言う「反射」は個々の「刺激－反応」の単位だけではなく、それが多数複合した大きな反射システムの意味も持つと解釈される。例えば「私の用語法では、主体に反応を生じさせる〈対象〉とは、状況全体のことである」[9]という記述があり、これはある状況がひとつの反射を引き起こし、それによって何かひとつを付け加えられた状況全体が、次の反射を引き起こすというモデルを示唆している。これは反射のループが再帰的にフィードバックを繰り返して、状況を次々に改訂していくという世界観である。こうしたヴィジョンにおいては、「心」は実体的なものでも固定的なものでもなく、環境と相互作用しながら生成するものと見ることができるだろう。

このような見解に近いものとして、河野哲也の言う「拡張した心」という考え方がある。知的作用や感情、意志などの総体としての「心」は、従来個人に属する「内面的なもの」として扱われてきた。それに対して河野は心を外部環境を含めたトータルなシステムのなかに成立しているものと見るのだが、これはジェイムズの見解にかなり類似している。

行為の動機は、時間的にも空間的にも広がりをもって醸し出されていく。行為の動機となるような文脈や背景が徐々に形成され、その文脈における自分の内外の様々な事柄がきっかけとなって、ある行為が生じるのである。[10]

この見地からすれば、自由意志の働きも状況全体のなかに生じるものとみなすことができる。また、河野は「意志するとは、行為を発する決意のことではなくて、ある目的を達成するように（あるいは、理由に沿うように）自分の行動を調整すること」[11]とも言っており、これはほとんどジェイムズの舵取り仮説のような見解である。ジェイムズも河野も、科学的な事実を否定するわけではなく、あくまでも物質的な脳機構の上に自由意志論を乗せている。つまり、「心」の理解の仕方によっては、科学と自由意志はなんら衝突することなく、調和しうるのである。

4　決定論と科学

科学的な見方と自由意志は両立しうる。そして科学実験は何も証明できていないというのに、なぜ決定論が優勢に見えるのだろうか。それはおそらく、決定論が物理法則を根拠にした理論であり、科学的な装いをまとっていることが大きな理由であろう。しかし決定論は本当に科学によって支持されるものなのだろうか。

物質が物理法則によって決定論的にふるまうのは観察の結果明らかである。しかし、人間が決定論的にふるまうという考えは観察の結果ではない。そして物質の特性をそのまま敷衍するには、人間はあまりに性質が違う存在ではないか。このように改めて考えると、人間の意志に物理法則を持ち込む決定論は、帰納的推論ではなく、むしろ演繹的推論から導かれているようである。

そもそもデカルト以降の近代哲学的思考は、精神について屈折した状況を作り出しているように思われる。精神と身体を分離して対立状況を作り上げ、心と脳が矛盾すると指摘した上で、それを解消するために心の機能を消去しているのである。こうした構図からは、決定論が科学理論である以前に哲学的世界観であることが見て取れる。

ここで再び、意志の自由は科学によって判断できないというジェイムズの見解に戻ろう。例えばジェイムズは次のように言う。

〔決定論と非決定論という〕互いにはっきりと否定し合うこれら二者のどちらが正しいかを語るために、科学が呼び出されうるだろうか……他の事実によって証明されうるのは事実だけである。可能性であって事実ではない事柄と、事実とは関わりを持たない……可能性を支持する者と可能性を否定する者を分けるのは、信仰または公準――合理性の公準――の違いなのである［WB/

D 571]。

つまり、決定論と自由意志論の対立は、どちらを合理的と感じるかという心理的傾向によるとジェイムズは理解している。哲学上の立場の理由を論者の気質に求めるのは極めてジェイムズらしい見方なのだが、それはともかく、ここでは〈決定論が科学的な見解であり、これと自由意志論とが対立している〉という構図が誤りであり、〈決定論を含む自然主義が自由意志論と対立しており、科学は中立〉という構図が実態だということが指摘されているのである。

第6章で見たように、ジェイムズは科学に大きな信頼を寄せつつ、同時に自然主義を批判する態度を取っている。自然主義は、世界を構成するものはわれわれの知る自然的なもののみであるという考え方であるが、ジェイムズの経験主義は、常にいまだ経験されていないものの存在を想定する。例えば、「真理についてのすべての基本的構想はすでに科学によって発見されている、という教師がこの大学にも一人ならずいるが……彼らはあまりにも科学的想像力の欠如を顕わにしている」[WB/L 496] とされるように、いまだ発見されていないものを「ない」と判断することは、科学的ではないとさえ言われている。

この見方は、自由意志論を支持する上でも有用である。自由意志論の旗色が悪いように見える最大の原因は、脳という物質が意識という非物質と相互作用しうるメカニズムが説明できないことである。しかし、原因が未発見であることがその現象を否定する理由にはならない。材料が揃っていなければ、正しい説明ができないのは当然なのである。

また、これまで確認してきたように、ジェイムズが依拠するプラグマティズムの論理はそもそも科学的方法による真理論として提示されたものであり、科学的真理もまた、他の経験と満足な関係にあることだと捉えられている。つまり、科学とプラグマティズムはどちらも有用性と整合性の検証なのであって、その違いは単にスパンの長さや対象の広さだということになる。この見解を認めるかどうかは科学をどう理解するかにも左右されるだろうが、少なくともプラグマティズムが方法論的に科学性を含んでいるという点は否定できないであろう。

第2節　プラグマティズムと自由意志

1 「信じる意志」と自由意志

ジェイムズのプラグマティズムは、行動することで真理に参画するという能動性を特徴としているが、この傾向は論文「信じる意志」にすでに表れている。「信じる意志」は信仰擁護の学説であるが、この議論はジェイムズのなかでは自由意志の問題と結びついている。ジェイムズは、宗教についても自由意志についても、直接その主張を論証しようとはせず、それを信じることが正当であるという論じ方をする。

「信じる意志」で展開される議論は、「証拠のない事柄を信じるべきではない」という意見への反論であり、そこでの主張は、「命題間の選択が、その性質上、知的根拠に基づいては決められない正真正銘の選択である場合にはいつでも、私たちの情的本性がその選択を決定するであろうことは合法的であり、またそのように決定するのでなければならない」[WB/W 464] というものであった。このテーゼについてはすでに分析した通りだが、事実に基づいて知的に検証することは大前提であり、これはそれでも証拠の得られない場合、それも実践的な切羽詰まった場合にのみ適用される主張だということは改めて押さえておきたい。

そしてさらに「信じる意志」には二段階目の主張があり、ある特定の種類の命題においては、信じることが真理にとって不可欠であることが示されていた。その命題とは、「ある事実に対する信仰が、その事実を生み出す助けになりうる場合」[WB/W 474] であり、これを「自己立証的」な状況あるいは命題と呼ぶことは前章で提示した通りである。ジェイムズによれば、道徳や宗教の問題というのはこれに該当する。そして、この命題はもともと自由意志の問題がテーマであったと見られる。

自己立証的状況の着想が得られたきっかけとして、ジェイムズについての伝記的な書物には必ず記されている、青年期の抑鬱状態とそこからの回復のエピソードがある。[12] ジェイムズの日記によれば、その回復のきっかけはフランスの哲学者シャルル・ルヌーヴィエ（Charles Renouvier, 1815–1903）の自由意志論に強い感銘を受けたことだという。ジェイムズの記述では、ルヌーヴィエによる自由意志の定義は、「他の考えもあるなかで私がそれを選ぶがゆえに、私はその考えを持ち続ける」[13]というものであり、自由意志の存在を信じるか否かの選択も自由意志によるのであり、自由意志を自由に信じることで意志の自由が実現するとジェイムズは受け取ったようである。例えば次のような記述がある。

もし私たちが自由ならば、私たちの最初の自由なる行動は、私たちが自由であることをすべての内的態度において断言することであるべきである。このことは、自由意志の側から、問題を無理やり論証する望みを除外すべきであるように思わせる。私としては、まったく喜んで論証なしですませるのである［WB/D 566-567］。

このように、ジェイムズの自由意志論は、最終的には「信じる意志」に依存する。意志の自由は証拠の得られない人生の切羽詰まった問題であり、信じなければ真理であると示せないものだからである。

もちろん、信じることをせず、間違いを避けることを重視して疑い続けることも正当と認められるが、それは普遍的規則としては不適当である。それは、自己立証的命題において「真理を得る」「救われる」といった結果を得ようとするならば、信じることが必要だからであった。前章で見たように、「証拠がなければ信じるべきではない」という規則の提唱に抗してジェイムズは次のように言っている。

> もしある種類の真理が本当に存在するなら、その種類の真理の認容を完全に妨げることになる思考の規則は不合理な規則であろう［WB/W 477］。

そしてこの論理は、ほとんど同じ形で自由意志に関しても適用されているのである。

> 私自身は自由意志論者に同意する……なぜなら、もし自由意志が真であったならば、宿命論への信念を宿命的に受容させられることは不条理だからである［TTS 820］。

自由意志を信じるということは、宿命を打破できるということであり、それは物事を改善する意欲につながる。実際、経験の上から見る限り人間は主体的に行動することで善を生み出すことがあるように見える。この現象は自己立証的である。では果たして、善は判断の基準となりうるだろうか。

2　自由意志と善

ジェイムズのプラグマティズムでは、信じて行動することは実験的検証であり、結果が善いものであれば、それは真理とみなされる。しかし、善いということは価値の判断であって、事実の真偽判断とは異なるという反論が当然起こってくる。これは検討を要する難しい問題なのだが、少なくとも宗教や自由意志については、それがもともと価値を含んだ概念であるという点からの議論が可能であろう。

宗教は普通、何かしら善い結果がもたらされることを説くものであり、一般に神は善の属性を持つ。ジェイムズ流に言えば、善を招かない宗教は信じられることはなく、歴史のなかで生き残ってこられなかったであろう［VRE 302-303］。したがって、宗教の真偽をプラグマティックに考えれば、善がもたらされるかどうかによって蓋然的な判断が可能であり、善の出現は少なくとも宗教の確からしさを増すデータだと言える。

では、自由意志はどうだろうか。プラグマティズムは、形而上学上の論争を実際的な効果のもとに捉えなおそうとするので、自由意志についてもジェイムズは言い換えを行っている。

> 自由意志とは、プラグマティックには、世界における新しさ（novelties）を意味する［PR 538］。

新しさとは、すでに起こっている出来事の連続から外れた出来事の出現であり、つまりは決定論の否定である。では、新しさのある世界とない世界とでは何が異なるのか。何も異ならないなら、新しさの有無は意味のない問いであろう。逆に言えば、この問いが切実であるのは、新しさが多数の人に要求されているからである。ジェイムズは、その要求が生じる大きな理由が悪の問題だと指摘する。われわれの生きる世界には実際に悪が存在しているのであり、われわれはそれを改善したいのである。

> すでに完璧な世界においては、「自由」は悪くなる自由しか意味することができない……人が合理的に要求しうるのは、もちろん、物事がより善くなるだろうという可能性だけである……自由意志はかくして、救いの説である以外にはなんの意味ももたない [PR 539]。

つまり、自由意志という概念は、物事がそのままであるのではなく、より善くなる可能性の希求なのである。

> 自由意志はこうして、ちょうど絶対者、神、霊、設計などと同じように、普遍宇宙的な約束の理論である [PR 538-539]。

こうして、宗教や自由意志は、その概念のうちに善への希求が含まれていることが見出された。これは言い換えれば、それが真理であれば物事がより善くなることが期待される仮説だということである。したがって、宗教の真理性が善の訪れによって支持されるように、自由意志の真理性も善の訪れによって支持されてよいことになる。自由意志の存在を信じて行動し、それが善い結果を生むことで検証が可能というプラグマティズムの論理は、方法として理にかなっていると言える。

つまり、宗教についても自由意志についても、通常の科学実験が通用しないなら、試してみることが科学的態度だというのがジェイムズの見解になる。宗教的救済や善、自由意志などは世界に新しさが存在することと不可分であり、新しさは未来にしか証明できない。だからこそ試した結果、救済や善が生まれることこそが科学的検証だとみなせるのである。

現代の自由意志の議論は、脳科学の成果によって決定論が優勢に見えるものの、実は個々の実験の証拠能力は決して高くない。従来の科学的方法で証明できないのだとすれば、それは哲学の問題であり、プラグマティックな方法はひとつの選択肢となる。そしてプラグマティックな方法は合理主義的な方法よりも科学的なのである。

決定論が科学的であるというのは近代哲学的思考による一種の錯誤であり、本来科学の活動は試してみることを奨励するものである。ジェイムズは、間違うリスクを負いつつもあえて信じる方に踏み出す「信じる意志」の態度をしばしば「冒険」と呼ぶ。[14] この冒険の姿勢は近代の閉塞を乗り越えるきっかけになるとは言えないだろうか。ジェイムズの心理学的人間観からすれば、主観的なバイアスのまったくない判断というのは不可能であり、理性の純粋な働きというものは現実的ではない。むしろ、主観的バイアスを認めた上で、リスクを負いつつも現実との整合性を検証していくというのが、プラグマティズムの「真理に参画する」生き方である。こうした姿勢は今風ではないかもしれないが、だからこそ、冷笑的な気分から決定論を支持する現代人への処方箋となりうると思われるのである。

第9章

信仰と救済

宗教を特徴づける現象に「信仰」と「救済」があるが、あらためて考えると、この両者の関係は必ずしも明確ではない。例えば、信仰を持つから救われると言える一方で、救済の事実があるから信仰が抱かれると言うこともできる。このように見るなら、信仰と救済は互いに他方の原因ということになるが、かといってどちらも必然的な関係というわけではない。また広い意味では、信仰していることが、すなわち救われていることだと言えるかもしれない。このように信仰と救済の関係は不分明なものであるが、これを何らかの形で理論づけることは可能だろうか。そしてその説明は科学とも調和するであろうか。

ジェイムズが宗教を論じた代表的な著作である『信じる意志』と『諸相』とでは強調されるモチーフが異なっており、『信じる意志』では宗教的仮説を意志的に選び取る能動性に、『諸相』では自己を明け渡すことで理想的な力が流れ込んでくるという受動性に強調が置かれる。[1] この強調点はそれぞれ信仰と救済を反映していると見ることもできるだろう。ジェイムズはこの両者をどのように結びつけて考えたのだろうか。

「信仰」の持つ能動性は、そもそも自由意志の存在が前提となる。前章で自由意志の問題は検討したが、そこでは詳述していなかった心理学的メカニズムの仮説から考察を始めることにする。

第1節 心理学的検討

1 反射と意志

ジェイムズの宗教論では、回心や祈りの場面で「能動的に受動性を生み出す」ことが救済の心理的基盤として置かれていた。この心の受動性と能動性は、ジェイムズ初期の心理学理論に照らして見るなら、反射と意志の関係に対応すると言うことができるだろう。すでに確認したように、ジェイムズの理論では、反射のメカニズムがそのうちに自由意志を含むことができた。ここでは、その理解をさらに詳細に見てみたい。

ジェイムズは、当時の解剖学的・生理学的見地から、「反射」を心の基本的なメカニズムと考えていた。しかし、ジェイムズが用いる「反射」という語は、その用法にいくつかのレベルを含んでいる。まず、もっとも基本的なレベルは一般的な用法、つまり刺激に対する不随意的な反応を指すものであり、『心理学』では概してこの意味で反射の語が用いられている。しかし、不随意的反応と随意的反応の境界は必ずしも明確ではないことをジェイムズは指摘する。ここで挙げられるのは次のような例である。

私が駅に入ったとき、車掌が「発車します、ご乗車ください！」と叫ぶのを聞いたとしたら、まず心臓がどきっとし、次に動悸が激しくなる。そして、脚は鼓膜に届く〔車掌の声という〕空気の波に反応して動きを早める。私が走ってつまずいたならば、倒れていく感覚が、倒れる方向への両手の動きを引き起こす。その効果は突然の衝撃から身体を防御することである。煤が私の目に入ったならば、まぶたは強く閉じられ、大量の涙の流れがそれを洗い流そうとする［PBC 98］。

この状況のなかで、「目が閉じること」「涙がでること」「心拍の乱れ」は不随意的反射である。「転倒の衝撃を抑えようとする腕の動作」も「故意に意図されたにしては起こるのが速すぎるので、これも反射と呼ばれる」が、「それは前のものほど自動的ではない……本能と意志作用が同じ条件で入り込んでいるこの種の作用は〈準反射〉と呼ばれてきた」［PBC 98-99］と言う。一方、「列車に向かって走っていく運動」には何ら本能的要素はなく、「随意的動作」である。しかしこれらは独立したものではなく、一連のまとまった反応であり、区分は後付けの分析にすぎない。

このように動物の反射と随意的行動は互いになだらかに溶け込んでいる。というのも両者は、しばしば自動的に起こるであろうが同時に意識的な理知にも修飾されている諸動作によって連結されているからである［PBC 99］。

こうした見解を反映して、ジェイムズの記述する「反射」は個々の「刺激－反応」の単位と、それが多数複合した大きな反射システムとの両方の意味を持ち、規模の拡大のなかに意志が生まれているように見える。では反射が複合するとはどのような状況であろうか。

ジェイムズの心理学者としての業績でもっとも有名なのは、「悲しいから泣くのではなく、泣くから悲しいのだ」というテーゼで知られる感情理論、いわゆる「ジェームズ＝ランゲ説」であろう。この説はしばしば「感情の末梢起源説」と分類されるが、実際には起源の問題というよりも、個々の反射作用を辿る限り、感情は認知の心的状態から直接引き起こされることはなく、身体反応を経由して感覚に捉えられ、生じてくるのだという経路の問題と見るべきである。

つまり、このテーゼでは**①悲しい出来事を見て、視覚的な意識が生じ、泣く反応②身体の泣く感覚を感知して、悲しみの意識が生じる**（そしてさらに反応する）という二つの反射経路が想定されている。[2]ジェイムズの感情理論は、単純な反射概念から多様な心の働きを説明しようとする試みであり、それは当然反射のループが連鎖的、多重的に生じることを前提とする。

> ある筋肉の収縮によって生み出された印象が、次の筋肉の収縮を引き起こす刺激として働き、最終的な印象がプロセスを抑制して連鎖を閉じるまで続くのである［PBC 140］。

私たちの動作および態度からは、絶え間なく注ぎ込む感覚の流れがやってきて、それはその一瞬一瞬、私たちの〔感情のような〕内的な状態がどうなるかを決定する一因となる［TTS 827］。

つまり、動作や身体反応は再び感覚として捉えられるため、それは必然的に「次の」反射を引き起こすのである。前章で見たように、ジェイムズは「状況全体」が主体に反応を生じさせる対象だと見ており、反射のループが再帰的にフィードバックを繰り返して状況を改訂していくと理解する。こうした複雑な系としての反射観のもとに、ジェイムズの考察では反射と随意的動作も連続的な形で捉えられる。例えば、単純な反射と随意的動作の間にあるものとして「本能」が考えられる。本能は普通、意志を含んでいないとみなされるため、「一般的な反射の型に従う」［PBC 366］ものと分類されるが、本能的反応が多数併存すると、行動は必ずしも単純ではなくなると言う。

反射弧のひとつの傾向は、その活動が同時に進行中の他の諸過程によって「抑制される」ことになるということである……反射弧は他のすべての反射弧と同時に機会を得なければならないので、それはなかを通る流れを引き込むことに、ときには成功し、ときには失敗する……生理学的見解からは、独立の本能の数が、また同じ刺激からいくつかの本能に入ることのできる入り口が、数多くあるようないかなる動物においても、本能が時折の不規則性を示すことが要求されるであろう［PBC 371］。

こうした本能どうしの拮抗における「不規則性」とは、いわば本能的反応のうちどれかが選ばれることである。そしてジェイムズの見解では、この選択は必ずしも自動的になされるものではない。

本能と理性の間に本質的な対立はない。理性それ自体はいかなる衝動をも抑制できない。ある衝動を無効化しうる唯一のものは反対方向への衝動である。しかしながら、理性は反対方向への衝動を解放するような想像を喚起することになる推論を行うことがある［PBC 372］。

ここで言われる「理性」については詳細が示されていないが、「随意的動作は二次的なパフォーマンス」［PBC 387］だとされるように、初期には不随意的であった反射が連続していくなかで「選択」の状況が現れ、反対方向への衝動を促進するという意識作用の「随意的な」次元が生じてくると想定されているようである。こうして全体としての反射システムは、基本的には受動的なものでありながら、そのプロセスのうちに能動性を含むことになり、舵取り仮説が提示されていくことになる。これが、ジェイムズの考える自由意志のメカニズムである。

次に少し別の角度から、「意志」とはそもそもどのようなものであり、どのような働きをするのかについて確認してみたい。『心理学』において自由意志の有無の問題は棚上げされているが、主観的に見る限り存在している意志がどのようなものかについては検討可能であり、それについての内省的分析は行われている。

「意志」の章において、ジェイムズは意志を含む行動としての「決断（decision）」を五つの類型に分類する。類型のうち、第一から第四は次のようなものである。①合理的判断 ②外部からの偶然にまかせる ③内的な偶然にまかせる ④回心のように心が変わる[3]［PBC 399-402］。この四種類はいずれも強制を感じないという意味では意志的決断に含まれるが、これらの場合「優勢な選択肢を決断する瞬間に、心は他方の選択肢をまったくあるいはほとんど視界から追い出している」［PBC 403］という意味で、能動的に選択しているニュアンスが乏しい。したがって、ジェイムズは次の第五の類型を本来の意味での意志の現れと見る。

第五の決断の最大の特徴は、「努力の感じ（feeling of effort）」［PBC 402］を伴うことである。努力の感じが生じる理由としては、「両方の選択肢が絶えず視界のうちにあり、打ち負かされた可能性を殺すその行為のなかに、その場合自分自身から失わせつつあるものがいかに大きいかを、選択者は理解している。それは故意に自分を苦しめることである」［PBC 403］ということが挙げられている。

つまり、ここでは選択肢が拮抗状態にあってそれ自身のうちに決定要因を持たないため、判断する主体の決断という行為だけが選択肢の関係を決めるのである[4]。このとき、自由意志の証明はできないにせよ、「私たちの意識における現象的事実として努力が存在することは、もちろん疑ったり否定したりし得ない」[PBC 403] とジェイムズは言う。この「努力」は肉体的なものではなく、純粋に心理的なものである。例えば「筋肉の行使がわずかであるにもかかわらず、命令が大きな意志的努力を要求する場合がある。例えば、寒い朝にベッドから起き出して水浴するなどである」[PBC 418n] という説明がなされている。

そして、こうした純粋に心理的な努力は、ジェイムズの分析によれば、最終的に心的世界における「注意（attention）」の努力に帰着する。

> 簡単に言えば、意志がもっとも「随意的」である場合、意志の本質的な仕事は、困難な対象に注意し、これを心の前に固く保持することである [PBC 417]。
>
> このように、注意の努力が意志の本質的現象である [PBC 418]。

一方で、「注意を捉えるものは動作を規定する」[PBC 415] ため、意志的に決断して行動するというのは、どちらの選択肢を示す観念に対して注意の努力を行うか、という選択の問題となる。注意は「そうしなければより速く消え去るであろう無数の観念を深め、それが意識のうちにとどまるのを延長する」[PBC 228]。その延長された時間はごくわずかかもしれないが、「その一秒が決定的かもしれない」［PBC 228］とジェイムズは言う。ここに舵取り機能が働く場所が見出されているると言える。

ジェイムズの心理学的自由意志仮説では、意志は選択という機能を果たすものと規定される。心の働きは基本的に反射であり、外部からの刺激に対して反応する形を取る。しかし反射のループが複合的・連鎖的に動き続けるなかで経路が拮抗する場合が生じ、注意によって意識をとどめることでひとつの反応を選択できるというのである。

2 個人の救済

さて、では宗教的な場面における能動的な信仰と受動的な救済は、この心のモデルからどのように説明できるだろうか。

心の働きが反射であれば、基本的なベースは受動的なものと見なければならない。したがって、救済はやはりどこかからやってくるものと考えるべきであろう。『諸相』における基本的な構図は、「神的なもの」との交流のなかで「霊的エネルギーが流れ込んできて、心理的あるいは物質的な効果を現象世界のなかに生み出す」［VRE 435］というものであり、これはひとつの反射作用と言えるであろうし、このプロセスを救済現象と呼んでもよいだろう。

そしてその反応はもう一度感覚に捉えなおされ、連続的に救済の状態を生成し続けると想定される。例えば、「具体的な宗教的経験は、感じや行為に結びつきつつ……世々に至るまでそれ自身を更新する」［PCPR 1090］という一節はこうした反射の連鎖を示していると言えよう。

では、そうした連鎖の発端となる最初の感覚を起こす対象は何であろうか。回心経験のような強い体験の場合、これは神かもしれないし、そうではないかもしれないが、少なくとも宗教的な何かが直接感覚されている。ただし、明確な体験を得る例は一部の人にしか当てはまらない。問題はより一般的な宗教生活の場合であるが、感覚の対象が状況全体であることを考えるなら、直接の宗教的経験がなくとも宗教的影響を受ける状況は想定しうる。例えば『諸相』に例示されるような、宗教的人格を体現する「聖者」たちは、そのふるまいを通して何かを訴えかけてくるはずである。

聖者たちは善の創始者であり、作者であり、増進者である……取り返しがつかないほど凝り固まって見えた多くの人々が、実際には和らげられ、回心させられ、再生させられてきたのであって……いかなる人も、愛と言う方法で救われる望みがないなどと、私たちは前もって確信できないのである［VRE 324］。

こうした人々と接すること、あるいは彼らの書いたものを読むことも、救済の体験を生じさせる最初の原因になることだろう。

それでは、こうした受動的な経験に対して、能動的な信仰はどのような意味を持つだろうか。先に見てきたように、ジェイムズの反射説では注意の努力によって意志による介入が可能となる。例えば、感情を随意的に変えることは容易なことではないが、意志的に行動を変えることによって、間接的に感情をコントロールすることは可能である。

もし私たちの自然な機嫌の良さが失われたなら、随意的に機嫌を良くする最善の道筋は、機嫌よく起き上がり、機嫌よく辺りを眺め、機嫌のよさがすでに心にあるかのように、動作したり話したりすることである〔TTS 826〕。

そうであれば、信仰もまた、間接的にであれ救済への接近を可能にするのではないだろうか。例えば『諸相』において、「祈り」は「魂を神に向けて方法的に高めること」〔VRE 366〕とされている。同時に祈りは「私たち自身を〔神的なものに対して〕開く措置」〔VRE 461n〕でもあるから、これはつまり、宗教的感受性を祈りによって能動的に発達させることができるということを意味する。

したがって、例えば聖者との出会いによって宗教的影響を受けた者が、能動的に信仰することによって、最後には救済の経験にたどり着くこともあるはずである。つまり、信仰は救済を直接生み出すことはできないとしても、心の舵取りによってわれわれを救済へ導くことが可能なのではないだろうか。

第2節　形而上学的検討

1　偶然と決断

ところで救済とは単に個人の内面の問題であろうか。もしそうであれば、何であれ信じてその気になればいいということにもなりそうである。しかし、ジェイムズの宗教論はいわゆる「宗教心理学」の枠内に納まるものではない。宗教は正当であるだけはなく、現実世界において一定の真理性を持つとみなされている。ここにおいて信仰と救済の問題は、やはりプラグマティズムに結びついていくことになる。

自由意志の有無を個人の心理からではなく、世界解釈の観点から見るならば、それは人間の行動を含めた万物の運行が必然性によって決定されているのか否か、というより広い決定論の問題となる。このことについてジェイムズは『信じる意志』所収の「決定論のジレンマ」において、決定論の問題点を突くことによって自由意志の蓋然性を高める議論を展開する。そこでは「偶然

(chance)」という観念について言及がなされている。[5]

決定論的情操の拠点は偶然という観念への嫌悪である。私たちが友人らに非決定論を語り始めるやいなや、彼らの多くが頭を振るのが見出せる。そうした人々の言うには、選択的可能性という考えや、いくつかの事柄のうちどれかがやってくるだろうということの承認は、結局、偶然の婉曲的な名称にすぎない［WB/D 572］。

偶然の存在は、決定論者からすれば、宇宙の秩序、そしてまた道徳的秩序をも破壊するものであると言う。しかし、偶然とはそもそも何を意味するのか、とジェイムズは問いなおす。

ある事柄を「偶然」と呼ぶことは、それ自身が何であるかについて、何も語ってくれていない。それは悪い事柄かもしれないし、善い事柄かもしれない……それを「偶然」と呼ぶことによって意味されるのは、これが保証されておらず、他の形で起こったかもしれないということのみである［WB/D 572］。

つまり、「偶然」とは「必然ではない」ことにすぎず、必然的でないことは必ずしも非合理的であることを意味しない。この種の状況としてジェイムズは、例えば帰宅するときの通り道が二つある場合、そのどちらか一方を通ることが不可能で非合理的なことだろうか、というごくシンプルな例を挙げて問う。そしてジェイムズは、どちらを選んだ世界も、事後のものとしては合理的に見えるだろう、と答える [WB/D 574]。つまり、事前には「偶然」であったものが、事後には「必然」に変化するのである。この場合、偶然はなんらネガティブな事態を意味しない。

そして、もしこの世界解釈が真であれば、このとき偶然を必然に変える転換点は、われわれの決断による選択行為なのである。

決断は、ひとつの可能性に承諾を与えて他の可能性から引き離すという奇妙で重大な機能において、はっきりしない二様の未来を、変えることのできない単純な過去へと変化させるのである [WB/D 576]。

こうして、心理学的のみならず形而上学的にも、自由意志の問題は拮抗する選択肢からの選択という場面に集約されることになる。ジェイムズの科学理論と形而上学理論は、「選択」という契機に落とし込まれることで一致している。そしてこのことは、われわれの選択によって可能な宇宙から現実の宇宙を真理化していくというプラグマティックな世界観へとつながっていく。つまりジェイムズにとって、世界は意志を介したフィードバックと変容の連続なのである。[6]

ここでジェイムズにとって肝要な点は、逆にもし決定論的世界観を採用したなら、この世界に悪が存在することに対して、人は悲観論や主観論[7]といった歪んだ見解しか取り得ないこと、そしてこの場合、そのどちらもが人間の生き生きとした行動を賦活しないということである。どちらが正しいのかを知的に確定させることはできない場合、選択は必然的に「賭け」になるが、決定論に賭けるならば、人間の活動性は著しく損なわれることになる。よって、ジェイムズは自由意志の側に「賭ける」ことを選ぶ。より善いと思われる方を選んで結果を検証していくことは、非合理的な態度ではないのである。

2 「世界の救済」

ジェイムズが自由意志の効果をもっとも広い視野にまで拡大したのが『プラグマティズム』最終章で示される「世界の救済（world's salvation）」についての議論であろう。

例えば、この教室にいる私たちのうち誰かが諸々の理想を抱いていて、喜んでそのために生き、そのために働こうとしているとしよう。このような理想が実現されたとき、それは世界の救済のひとつの契機となるだろう。しかしこれらの個々の理想はただそれだけの抽象的な可能性ではない。それらは地に足のついた、生きた可能性である。というのも、私たちがそれらの理想の生きた擁護者であり、誓約者だからである［PR 612-613］。

このようにジェイムズは、個人ひとりひとりの行為が世界を実際に改善していくというヴィジョンを提示する。ジェイムズによれば、「信じる」ことはそれが真であるかのように行為して検証していくことを意味するのであるから、この場合、個人が理想を「信じる」ことが世界の改善に直結するということになる。

「世界の救済」という表現は、「どのように解釈されてもかまわない」[PR 612] とされているように、それが具体的に何を意味するのかは不明である。しかし、この表現は明らかにプラグマティズムが宗教的であることを強調しようとしている。プラグマティズムの考え方は、ひとりひとりの信仰が、ひとりひとりの行動を通じて世界に救済をもたらすメカニズムを促進するゆえに、宗教的な思想だと言いうるのである。

宗教が多元論的な、あるいは単に改善論的なタイプでありうることを許容してもらえるなら、プラグマティズムが宗教的と呼ばれうることは理解してもらえるだろう……プラグマティズムは独断的な解答を後まわしにしなければならない。というのも、長い目で見てどのタイプの宗教がもっともうまく働こうとしているかを、私たちはまだ確かには知らないからである。人々の様々な過剰信念、彼らのいくつもの信仰上の冒険は、実際、証拠をもたらすために必要なものである [PR 619]。

プラグマティズムの態度は、しばしば「パスカルの賭け」の様相を呈することになるが、宗教は決して無謀な賭けではない。神的な力が人間に及び、さらに人間の行為によって世界が救われていく、そのようなヴィジョンは、経験から見る限り十分な蓋然性を持つ。というのも、宗教的経験によって救われた個人が数多く存在し、彼らの行為が世界に善をもたらした例もまた数多く存在するからである。

何度も繰り返してきたように、『諸相』では「霊的エネルギーが流れ込んできて、心理的あるいは物質的な効果を現象世界のなかに生み出す」[VRE 435] という構図が強調されていた。これは言い換えれば、個人の救済が、神的な世界と現象世界との接点になっていることを示している。個人は受動的な形で神的存在からの救済を得る。救済を受けた人、さらにその影響を受けた人は意志の働きによって信仰を選択する。信仰は、神的な救済を再生産するとともに、行動を通して世界のあり方に変更を加え、世界をより善く変えていく。これが神人協働の「世界の救済」の構図である。

神的実在が本当に存在するのか、存在したとして人間をどう扱うのかは、経験から実証できない。しかし少なくとも、この世界の大きな作用のなかで「選択する」ことは人間に唯一可能な行為であり、その選択行為は神的世界と現象世界の両方に連続しており、世界の未来を決定する上で重要な一翼を担っているのである。

おわりに

本書は明確な結論を押し出すような論文ではないが、最後に本書全体を通して問題となりうる点について、振り返りながらまとめてみたい。ジェイムズ哲学のなかに宗教と科学の調和を見ようとする場合、二つの視点での検討が必要になると思われるため、これを以下簡単に論じておく。

第一に問題とすべきは、宗教と科学の方法論的並行関係である。ジェイムズは科学もまたある種の信念に基づかなくては成立しないものと見る。また、科学理論を実在の複写ではなく、「うまく働く」仮説とみなすことで、プラグマティズムの方法を、科学の方法とほぼ同一視している。そして宗教についても、経験的には「うまく働く」ことでしか確かめ得ないという点では科学と同様だと見る。つまりジェイムズによれば、科学も宗教も仮説の検証によって真理を生み出していく営みであるという点で共通することになる。

第二に、プラグマティズムに基づく限り、宗教と科学の間には互いに矛盾しない整合性が要請されるため、いわゆる科学的知識、個々の科学理論と矛盾しない形の宗教論を提示することが求められる。

つまり、序章で仮定したように、宗教的救済が可能であることを理論的に担保することがジェイムズの目的であったとすれば、そのためには、**①方法論的並行関係を根拠づけるプラグマティ**

ズムの論理が正当化され　②科学的知識と矛盾しない救済現象の説明が提示されなければならないということになる。

まず②から確認しておきたい。救済は、通路としての潜在意識概念の導入により、「向こう側」つまり神的実在の問題を保留した形でモデル化することが可能であった。また、自然主義に合理的根拠がないことを考えるなら、神的実在としての「理想的秩序」を仮定することも非合理的ではない。さらに、決定論も科学的根拠は不十分であり、自由意志の存在は心の反射説と両立が可能で、信仰が心の舵取りによって救済への道を開くことがありうることが示された。したがってジェイムズの「経験的な」宗教論であれば、宗教的救済の現象を、少なくとも科学的知見と矛盾をきたさない形で提示することは可能になる。

一方で宗教側からは、神の存在を保留して救済を説くやり方が批判されるかもしれない。しかしジェイムズは、神が実在するかどうかを証明する方法は今のところないという前提からスタートしている。あくまでも人間経験のなかでの真理として、神的なものが実在する蓋然性はあるし、仮説が整合的なら信じる権利はある、というのがジェイムズの主張である。こうした態度は、宗教人には神の軽視と写るかもしれないが、結果的には科学の時代に神を護る有力な視点になると言えるだろう。

次に①に関して考えてみたい。

プラグマティズムの真理論については、「うまく働く」こと、有用であること、善いということ、真であることがその根拠づけにおいて循環しているのではないか、という指摘がなされることがある。この問題に対する返答としては、まず、少なくともジェイムズのプラグマティズムにおいては、まさに自分が巻き込まれた状況での実践的選択の場面を扱っているということを指摘したい。つまり、真理は人間の具体的経験との関係のうちでのみ語りうることになる。

ジェイムズの根本的経験論においては、経験こそが実在であり、真も善もそこから離れては成立しない。だとすれば、真理はどこまでも人間的なものなのである。ジェイムズは「プラグマティズム」という用語をあまり気に入ってはおらず、より好んでいたのはF・C・S・シラーが標榜した「ヒューマニズム」の語であったという[1]。これは根本的経験論との接続を考えるならば、納得できる話である。

人間的な真理は、「絶対普遍の真理」とは異なり、歴史の進行につれて変化していく。プラグマティズムが「帰結主義」であるということも批判される点のひとつであるが、真理が人間的なものである限り、真理はいつも現在に生成中のものである。人間の行為が事前の偶然を事後の必然に変えるのである。

つまり、論理が循環していようと、現実の人間経験のなかで真理と呼べるものはそういうものだ、という率直な指摘がプラグマティズムの立場であり、それは科学にも宗教にも当てはまるというのがジェイムズの見解だということになる。

また、プラグマティズムの真理論の妥当性が、これもプラグマティックに判断されることになるのか、という自己言及性を指摘する批判もあるだろう。しかし、仮説を信じて行為することが真理性の条件となる「自己立証的命題」が実際に存在することを考えるならば、人間の現実における真理はしばしば信念や行為をうちに含むものだと言える。ここに、真理の認識が真理を変化させるという自己言及性が現出する。したがって、理論の妥当性も、それが人間の現実を言い表すものである限り、自己言及的な構造を持つのは当然だと応えることができるように思われる。

しかし、科学的真理を「人間的」と言うことは果たして適切であろうか。科学が「自然の斉一性」への信念に基づくとしても、これを「自己立証的」とみなすことは難しそうに見える。この点については、「人間的」ということを「個人」と「社会」の二つのフェーズで見ることがひとつのヒントになると思われる。科学的真理は個人的なものではないが、社会的なものであり、やはり人間が構成している側面がある。社会の合意による自己立証命題という意味では、科学的真理もこれに当たると言いうる。

この二つのフェーズはしかし、ジェイムズの見解では互いに浸透し合っている。個人が「信じる」とき、その背景として文化的・社会的な暗黙の合理性の影響が必ず働いている。一方で、個人の信念や行為は、それが一部分をなすところの社会の全体像を変化させる力を持っている。

自己立証性の議論は人間が自由であることを前提としているが、反射と意志の問題と同様、それがまったくの自由というわけではないという点には注意が必要であろう。人間の自由は、「うまく働く」という検証過程と社会的合意とによって制限されている。選択肢は無限に多元的に開いていくものではあるが、同時に検証と合意とによって収束的にも働くのである。
したがって、科学を「人間的」という場合も、それは無政府状態を意味するものではまったくなく、やはり何らかの合理性のもとにあるものとみなされている。一定の範囲内での自己立証性が科学にも含まれている、と言い換えるなら、これは必ずしも無理のある議論ではない。そしてそれは宗教も同様である。

さて、ジェイムズの理論が成功したかどうかと問うならば、完全なる成功とは言えないかもしれない。本当の真理が不可知であること、「賭け」の契機がどうしても必要となる点などは、不満を残すと言えるかもしれない。しかし、経験から見るという視点を徹底し、常識に合致した率直なものの見方を提示することで、ジェイムズの救済論は、科学的背景のもとにあっても破綻せずに「働く」ことができるという点において、十分に成立していると言ってもよいのではないだろうか。

現代人は科学を信頼することで、宗教的なものを疑いがちである。しかし、宗教を個別宗教の教義からではなく、ひとりひとりの宗教的経験から考えていくなら、そのことは何も科学と背反しない。そして、宗教と科学は、丁寧に吟味していけば理論的にも様々な点で対話・統合が可能である。こうした見方は現代人の知的態度として身につけるべきものではないだろうか。人間はもともと宗教的な存在であり、宗教はポジティブな機能を少なからず有している。宗教は近年「メンタル」とは区別される「スピリチュアル」な次元の健康にアプローチするために有効な手段であり、そのひとつの場面がいわゆる「魂の救済」である。こうした個人の人生にとっての現実的・実践的な事柄として宗教を捉えていく見方を、ジェイムズは教えてくれている。

註

まえがき

1 現在の歴史理解によれば、ジョン・ウィリアム・ドレイパー（John William Draper, 1811-1882）『宗教と科学の闘争史』（*History of the Conflict Between Religion and Science*, 1874）、アンドリュー・ディクソン・ホワイト（Andrew Dickson White, 1832-1918）『キリスト教国における科学と神学の争いの歴史』（*History of the Warfare of Science with Theology in Christendom*, 1896）の二つの著書が、近代における宗教と科学の対立モデルを普及させたというのが定説である。

2 Barbour, 2000.

序章

1 Perry, 1936.

2 プラグマティズムは二十世紀後半から再び注目を集め、現代にまで影響力を持ち続けている。現代のプラグマティズムはその全体論的な特性、および対話的な実践性が強調される傾向にある。しかしながら、現代のプラグマティズムは宗教との関連で論じられることがほとんどない。例えばネオ・プラグマティズムの旗手であったリチャード・ローティは、ジェイムズ／デューイ路線のプラグマティズムを現代的に推し進めたが、その宗教観はデューイ的であり、宗教の真理性は道具主義的に理解されるのみである。

3 例えば Brown, 2000, pp. 52-54 など。この点については、第６章でも触れる。

第1章

1 ジェイムズの経歴については、伊藤、二〇〇七、五二〇—五二六頁を参照した。

2 伊藤、二〇〇七、四六八—四七〇頁。

3 野家、一九九四、九頁。

4 同書、一二—一七頁。

5 Okasha, 2002. 邦訳書、七五頁。

6 藤波、二〇〇九、一四一—一四六頁。

7 伊藤、二〇〇九、五〇頁。

8 ジェイムズの心霊研究については、Blum, 2006. に詳しい。

9 James, “Address of President before the Society for Psychical Research,” p.134.

10 堀、二〇一〇、二一四頁。

11 二十世紀初頭のプラグマティズム運動において、ジェイムズがイギリスにおける盟友とみなしていたF・C・S・シラー（F. C. S. Schiller, 1864-1937）は、自身の立場を「ヒューマニズム」と呼んだ。『プラグマティズム』第七講はこの立場に賛同しつつ、ジェイムズが自身の主張を重ねたものとなっている。「真理も法律も言語も、私たちが進むにつれて作られるのである」[PR 592]、「シラー氏は……私たちの真理もまた、どこまでとは確かめがたいが、人間の造った産物であるとする学説に〈ヒューマニズム〉の名を与えている」[PR 592]。

12 桝田の邦訳では文脈を考慮して「験証」と「真理化」の二通りの訳語に区別されているが、原著で見る限りその違いは明らかではない。

13 プラグマティズムと科学の類似については次のような記述もある。「デューイ氏、シラー氏およびその同盟者たちは、すべての真理についてのこの一般的構想に達するにあたって、ただ地質学者や生物学者や言語学者の例に倣ったにすぎない。これらの他の諸科学が確立するのに成功した決め手はいつも、例えば天候による触剥とか、親のタイプからくる変異とか、新しい語や発音の混入による地方語の変化などのように、その働いているなかで現実に観察できる何か単純な現象を捉え、それからそれをあらゆる時代に当てはめながら一般化し、長い時代に通じるその効果を加え合わせて大きな結果を引き出す、ということであった」[PR 512]。

14 三橋、一九八三、六八頁。

15 冲永、二〇〇七、三四五―三四六頁。

16 伊勢田、二〇〇二。

第2章

1 『諸相』(*The Varieties of Religious Experience*)の副題は、"A Study in Human Nature" であり、研究対象が人間本性であることが明記されている。

2 「少なくともひとつの意味において、個人的宗教は神学や教会主義よりも基礎的だと証明されるだろう。教会は、いったん設立されれば伝統の上に間接的に存続する。しかし、すべての教会の開祖は、彼らの力を、もともとは神的なものとの直接の個人的な交流という事実に負うている」[VRE 35]。

3 Taylor, 2003, p.3.

4 ジェイムズが二度生まれを高く評価しているため、一度生まれの宗教への評価は低いという見解はしばしば提示される。確かに「健康な心の宗教」は不完全であることが指摘されているのだが、『諸相』の記述を見る限り、その筆致はポジティブである。後で見るように、ジェイムズは多様な人間に対してそれぞれ相応しい宗教があると見るため、一度生まれのタイプの人に効果をもたらすのであれば、それが肯定的に受け止められることは自然である。堀、二〇〇二も参照。

5　Taylor, 2003, p.37.

6　Frederick W. H. Myers（1843-1901）。マイヤーズは古典学者にして心霊研究者。英国の心霊現象研究協会（SPR）創設メンバーであり、ジェイムズの心霊研究における盟友である。潜在意識または識閾下の意識についての理論を提示したものの、科学としては受け入れられなかった。

7　伊藤、二〇〇九、一二五―一二六頁。

8　潜在意識説の中立的有効性については、例えば吉永が次のように指摘している。「無意識層を経由して宗教経験がもたらされるにしても、無意識から発生すると限定しているわけではないことに注意されたい。起源を特定できないけれども人間の心以上の可能性も残されているわけである。しかも、超自然起源説を主張する神学と違って、一般に客観的真理と思われている科学との繋がりを失わない」（吉永、一九九四、五六〇頁）。また、堀はジェイムズが心理学的に還元したのは「回心がなぜ生じるかという原因ではなく、回心がいかに生じるかという経過上の差異」であるとして、「なかば自然化された回心論」という表現を用いている（堀、二〇〇二、二一一―二二二頁）。

9　ジェイムズは自身を超自然主義者と判定しており［VRE 465］、抑制的な記述を重ねつつも「より以上のもの」を人知を超えた実在と考えている。例えば高木はジェイムズの宗教観を以下のように表現している。「ジェイムズにとっての〈神〉は、〈理想者〉、〈深いところにある何ものか〉、〈理想のように力強い味方〉、〈理想的な性質と有効性との結びつき〉である。このことは、ジェイムズの宗教観を考える上での、極めて重要な手がかりとなる。すなわち、キリスト教的な唯一絶対の神ではないが、しかし、自分という人間を超えたものの存在があり、それがたえず、自分にとって、何ものにもました力であり、道しるべとなっている」（高木、一九七一、一六九頁）。

10　ジェイムズは心理学者として、多重人格の現象に極めて高い関心を持っていた。彼はこの分野におけるジャネの理論を高く評価しつつも、人格の多重化が精神的機能の断片化に由来するとされて、新しい人格的意識の発現する余地のないことに不満を覚えている。ジェイムズが賛同するのはむしろマイヤーズによる「意識が本質的な一性をもたない」という見方であった。つまり、ジェイムズにとって潜在意識は、当人にもともと具わっている人格を越えた別の、あるいは新しい意識を含むものである(伊藤、二〇〇九、一〇九―一三〇頁)。

12 ジェイムズの宗教論については、神からの救済を人間の自己実現と読み替えた、という見方もあるが、ジェイムズは有神論的解釈をむしろ保持しようとしている。救済は、「より以上のもの」と人間との間で潜在意識を通した応答運動が起こる、その運動性から生み出されると理解したい。

13 大厩、二〇一二、一〇七頁。

14 根本的経験論における「親密」は、狭義には経験と経験との関係の程度を指すが、この語はわれわれと宇宙との関係が親密か疎遠か、という文脈でも使用されており、語感通りに広く解釈してもよいと考えられる [PU 644-645 参照]。

15 Connolly, 2005. 邦訳書、一三四頁。

16 Rorty, 2004, p.90.

17 堀、二〇〇四、二二一―二三頁。

18 同論文、三〇頁。

19 同論文、二六頁。

20 「プラグマティズムは神の探究の範囲を拡大する……プラグマティズムは私的な事実のまさに掃き溜めのなかに住む神を捉えようとする」[PR 522]。

Connolly, 2005. 邦訳書、一一九―一二〇頁。

第3章

1 例えば、鷲田、一九九七、二三七—二三八頁など。

2 「人がずっと得ることを求めている最も特徴的で独特に道徳的な判断は、先例のない場面や孤立した非常事態で、一般的な文面的原理が用をなさない場合であり、そこでは伏せられた神託だけが語ることができる」（*The Principles of Psychology Vol. II*, p.672）。

3 Bauer, 2009, pp.199-202.

4 瞬間的な回心が起こる条件として、ジェイムズは、「発達した識閾下の自己を持ち、また漏れやすい、あるいは透過しやすい縁を持っていること」[VRE 223] を挙げている。

5 「聖者たちは善の創始者であり、作者であり、増進者である」[VRE 324]。

第4章

1 伊藤、二〇〇七、四六八—四六九頁、および八杉、一九六九、一七六—一七八頁を参照。

2 社会ダーウィニズムという語は、生存闘争と選択の原理から社会の発展を説明、あるいは制御しようという立場を指すことが多い。この立場は「適者生存」を奉じるため、必然的に強者の論理の様相を帯びることになる。実際、帝国主義の正当化に用いられてきたため、現代では批判されることが多い。

3 さらに続けて、変異と選択の現象を混同することの害が述べられている。「ダーウィンの言っているのは次のことである。すなわち、環境が完全に知られる事柄であり、破壊か保存かという方法で有機体との関係を理解し認識できるのであるから、この事実と、変異を生み出すというような、異なる種類の比べもできない系統からくる事実とを混同することは、私たちの有限な理解力をまったく混乱させ、私たちの科学への希望をくじくことになるだろう」[WB/G 623]。

4 Darwin, 1859. 邦訳書、七五頁。
5 Bredo, 1998.
6 Ibid., p.3.
7 Ibid.
8 Ibid., p.4.
9 Ibid., p.5.
10 Ibid.
11 Ibid.
12 堀、二〇〇三を参照。
13 カトリック教会と進化論の関係に関しては、一九九六年に当時の教皇ヨハネ・パウロ二世が進化論を認める内容の書簡を記したことが大いに話題となった。しかし、カトリック教会が進化論を禁止したことはなく、一九五〇年の回勅では事実上これを許容する態度が示されている。一九九六年の書簡が話題になったこと自体、宗教と科学の対立という偏見が一般に根強いという現状を表すものだと言える（松永、一九九九）。
14 芦名、二〇〇七、二一三—二一五頁。
15 宗教現象を体質的・病的原因によるものとして説明する傾向の例として、ジェイムズはフランスの精神科医シャルル・ビネ＝サングレの著作を例に挙げている［VRE 21］。現代においても、脳に宗教経験を喚起する「ゴッド・スポット」の存在を提起して唯物論的な解釈に結びつける議論があり、こうした考え方が近現代の自然主義者にとって一般的な傾向であることがわかる。
16 Levinson, 1981, p.82.
17 Ibid., p.81.

18 McGranahan, 2011, p.83.
19 Ibid., p.89. ここで言う社会生物学的な説明とは、私たちが聖者の従順さに軽蔑感を抱くのは、生物学的に有利な本能としてリーダーシップを歓迎することの裏返しである、といった記述を指している。
20 Bredo, 1998, p.11.

第5章

1 ジェイムズの父、ヘンリー・ジェイムズ（シニア）は強烈な個性を持つ人物であり、ジェイムズの思想への影響は極めて大きい。ジェイムズ父子関係についての文献も数多いが、日本語で読めるものとしては、Menand, 2001、邦訳『メタフィジカル・クラブ』、二〇一一の第4章が詳しい。
2 「宗教と科学」という主題についての論者は、特定の信仰を持つ科学者か、あるいは科学をさほど必要としない宗教思想家であることが多く、ジェイムズのように、ニュートラルな立場にいながら宗教と科学の両者を熱望する思想家は稀だと思われる。
3 Peirce, 1878.
4 Ibid., p.293.
5 Ibid., pp.294-295.
6 Ibid., p.293.
7 浅輪、一九六八、一八―二〇頁。
8 Peirce, 1878, p.300.
9 ジェイムズの言う「真理」はその真理性に程度の差を含むとされる。真理の度合いは検証の程度によって変化していく（山根、二〇一九、六〇頁）。
10 ジェイムズが「プラグマティズム」の語を用いて積極的にこれを提唱したのは、一八九八年のバークレーでの講演“Philosophical Conceptions and Practical Results”が最初である。

第6章

1 Griffin, 2000, p.11.

2 Ibid., p.17.

3 Proudfoot, 2004, p.31, p.33.

4 もちろん、この時点で真理性は決定されない。これまで見てきたように、どちらの信念が真理なのかは、その信念を持って生きる人々の人生を含む長い検証の結果によって判定されることになる。

5 Proudfoot, op. cit., p.39.

6 James, “Address of President before the Society for Psychical Research,” p.134.

7 杉岡、二〇一二、九二―九三頁。

8 同書、九六頁。

9 ジェイムズがプラグマティズムの典拠としていつも提示するのはパースの論文“How to Make Our Ideas Clear,” *Popular Science Monthly*, Vol.12, pp. 286-302, 1878であり、その主題が「観念を明晰にする方法」であることがわかる。

10 Rorty, 2004.

11 前節の有神論の問題にしても、それが個人の人生に直接影響するという点がジェイムズの立論の中心にある。「もしこの特定の〔個人の具体的な宗教的〕経験の神が誤りならば、あなたがたがこうした経験の上に自分の生活を営むひとりである場合、それはあなたがたにとって恐ろしいことである。有神論の論争は、私たちがそれを単に学問的で神学的に扱う場合まったく些細なものだが、私たちがそれを現実の生活への結果によってテストする場合、とてつもなく重要な意義をもつのである」〔PCPR

1091]。

12 「プラグマティズムは何でも喜んで取り上げ、論理にも感覚にも従い、最も卑近で最も個人的な経験をも考慮しようとする」[PR 522]。

13 Proudfoot, 2004.

第7章

1 Russell, 1945, p.814.

2 Hick, 1966, p.44.

3 Clifford, 1877.

4 Kennedy, 1958, p.578.

5 Madden, 1979, pp.xv-xvi.

6 Russell, pp.814-815.

7 Madden, p.xxiii.

8 Brown, 2000, pp.35-36.

9 Ibid., p.38.

10 Ibid., p.39.

11 Ibid., pp.40-41.

12 Ibid., p.43.

13 Ibid., p.44.

14 Ibid., p.46.

15 Ibid., pp.57-58.

16 Ibid., pp.49-50.

17 この表現は、Hick, 1966や、Brown, 2000を含め、多数の文献に見られる。なお、本書ではジェイムズの用いるverifyの語を「検証」と訳しているが、self-verifyingな状況は、調べることよりも証を立てることに力点のある表現だと思われ、またこの語がジェイムズ自身の用語でもないため、この用法に限り「立証」と訳す。

18 例えばマッデンはジェイムズの主張を、「宗教が、ある人にとって生きた仮説である場合、そのとき彼は、神が存在するならその神は人格的な存在、〈それ〉ではなくて〈汝〉にちがいないと信じる」と書いている（Madden, 1979, p.xvi）。

19 このことについて、ジェイムズは次のような説明を加えている。「紳士たちと一緒にいながらまったく向上せず、権利を譲るたびに保証を求め、証拠がなければ誰の言葉も信じない人が、こうした無作法さによって、より他人を信用する人物が得るであろうすべての社会的報酬から自らを断ち切ることになるのとちょうど同じように、ここでは、論理性をうるさく言って自らを閉ざし、自分の認識を神々にいや応なしに押し付けようとするか、あるいはまったく認識を得ないような人は、神々と面識を得る唯一の機会から自らを永遠に断ち切ることになるだろう」［WB/W 476］。

20 ヒックは自己立証的な命題の論理矛盾を指摘する意図で（Hick, 1966, p.38）、またL・シュレヒトはジェイムズを擁護するのに「信じる意志」が問題としているのは伝統的有神論のことではないと主張しようとして（Schlecht, 1997, p.220）これを指摘している。

21 Russell, p.815.

22 Hick, pp.37-42.

23 「彼の宗教研究は、救済を求めながらも自然科学の伝える真理からも離れられない観察者（ジェイムズ）から見た宗教世界を問題としたものであり、ある意味で非常にパーソナルなものであった」（吉永、一九九四、一〇五頁)。「宗教的真理の探究ということに関して言えば、ジェイムズがその動機づけと見なしている関心は……個々人が神ないし神的な存在と合一し、そのことによって究極的な安らぎを得ることへの熱烈な要求である」(堀、二〇〇四、二二頁)。

24 Schiller, 1927, pp.438-439.

25 懐疑を哲学の基礎に置いたデカルトでさえ、「この疑いは、ただ観想のみに限られるべきである」として、「実生活に関する限りでは……二つのうちの一方が他方よりも真らしいことが明らかでないにしても、それでもどちらかを選ぶように強いられることがままある」と述べている(Descartes, 1644. 邦訳書、四七頁)。

第8章

1 Sternberg, 2010. 邦訳書、一三一一六頁。この例は、なんら病的な診断がなされていない容疑者についての弁護である。

2 ただし、青年期の抑鬱と回復のエピソード以来、ジェイムズ自身は自由意志を信じていたはずである。この保留の態度は、科学としての心理学という枠に誠実であったためと思われる。

3 これは「思考」についての記述であり、「意志」に言及されてはいないが、次節で述べるように自由意志の議論は心的な働きが行動に因果的に作用するかどうかが核心であり、ここでの記述は心的因果の主張という意味で自由意志を肯定していると言える。

4 ここでは「意識」の語が用いられているが、この記述は決定論に基づく自動機械説への反駁の文脈であり、自由意志論を肯定する意図であることは間違いない。

5 James, "Are We Automata?" 1879, pp.55-56.

6 スタンバーグは次のように説明している。「両立論者は……自由意志は意識の能力ではないと主張する……思考や行為のコントロールとは無関係で、選択権の有効性と関係がある」(Sternberg, 2010. 邦訳書、四一頁)。

7 Sternberg, 2010. 邦訳書、一〇二―一〇三頁。

8 こうした実験は、スタンバーグの前掲書や、アルフレッド・ミーリー『アメリカの大学生が自由意志と科学について語るようです』春秋社、二〇一八年 (Alfred R. Mele, *A Dialogue on Free Will and Science*, Oxford University Press, 2013) に数多く紹介されている。例えば、スーンの実験、ウェグナーの実験、ミルグラムの実験、スタンフォード監獄実験、ガザニガの研究など。なお、こうした実験に対する諸批判についても、詳しくはこれらの書籍を参照されたい。

9 James, "The Physical Basis of Emotion," p. 301*n*.

10 河野、二〇〇八、一六〇頁。

11 同書、一六六頁。

12 例えば、桝田啓三郎によるジェイムズ『宗教的経験の諸相』岩波文庫、一九七〇年の「解説」、四〇八―四一一頁、伊藤、二〇〇九、四二頁、Menand, 2001. 邦訳書、二一八―二二〇頁などにこのエピソードが語られている。

13 *The Letters of William James, vol. 1*, p. 147.

14 例えば、「人々の様々な過剰信念、各々の信仰上の冒険 (faith-ventures) は、実際、証拠をもたらすために必要とされるものである」[PR 619] など。これは典型的に自己立証命題の指摘である。

第9章

1 R・B・ペリーは、ジェイムズには戦う信仰と慰めの信仰の二種類の信仰があったと指摘している (Perry, 1936, pp.253-254)。これはそれぞれ『信じる意志』と『諸相』の内容に合致する。本書ではこれが能動的、受動的という傾向に当てはまると理解した。

2 宇津木は「刺激－反応による反射だけではなく、刺激－反応－情動体験までのフルコース」という表現を使っている（宇津木、二〇〇八、四四頁）。

3 吉永、一九九三、七一頁。

4 同論文、七二頁。

5 ジェイムズの自由意志論はダーウィン説が提示する自発的変異の理論に大いに励まされていると見ることもできる。世界の運行には偶然が作用しており、心的状態にも変異があってしかるべきなのである（岸本、二〇一三、二五四―二五五頁）。

6 Connolly, 2005. 邦訳書、一二七頁。

7 ジェイムズが「主観論」と呼ぶのは、世界をただ知的なものと見て、悪が存在するのは悪を知るためであり、そこに意義があると見るような立場である [WB/D]。

おわりに

1 Menand, 2001. 邦訳書、三五〇頁。

文献一覧

浅輪幸夫「〈プラグマティズムの守則〉をめぐって」、『研究年報』第一五号、一五―三二頁、学習院大学、一九六八年。
芦名定道『自然神学再考――近代世界とキリスト教』、晃洋書房、二〇〇七年。
Barbour, Ian G., *When Science Meets Religion*, Society for Promoting Christian Knowledge, 2000. イアン・G・バーバー『科学が宗教と出会うとき』藤井清久訳、教文館、二〇〇四年。
Bauer, Frederick, *William James on Morality*, iUniverse, 2009.
Blum, Deborah, *Ghost Hunters : William James and the Search for Scientific Proof of Life After Death*, Penguin Press, 2006. デボラ・ブラム『幽霊を捕まえようとした科学者たち』、鈴木恵訳、文藝春秋社、二〇〇七年。
Bredo, Eric, "The Darwinian Center to the Vision of William James," Paper presented at the Annual Meeting of the American Educational Research Association (San Diego, CA, April 13-17, 1998). Reproduction release: Educational Resources Information Center (http://eric.ed.gov/).
Brown, Hunter, *William James on Radical Empiricism and Religion*, University of Toronto Press, 2000.
Clifford, William K., "The Ethics of Belief," *Contemporary Review*, 29, pp.289-309, 1877.
Connolly, William E., *Pluralism*, Duke University Press, 2005. ウィリアム・E・コノリー『プルーラリズム』、杉田敦・鵜飼健史・乙部延剛・五野井郁夫訳、岩波書店、二〇〇八年。
Darwin, Charles, *On the origin of species*, 1859. チャールズ・ダーウィン『種の起源』上、八杉龍一訳、岩波文庫、一九九〇年。

Descartes, Rene, *Principia philosophiae*, 1644. ルネ・デカルト『哲学原理』、山田弘明 他 訳、ちくま学芸文庫、二〇〇九年。

藤波尚美『ウィリアム・ジェームズと心理学――現代心理学の源流』、勁草書房、二〇〇九年。

Griffin, David Ray, *Religion and Scientific Naturalism*, State University of New York Press, 2000.

Hick, John, *Faith and Knowledge (second edition)*, Cornell University Press, 1966. Reprinted in: Fontana Books, 1974.

堀雅彦「せめぎあう健やかな心と病める魂――『宗教的経験の諸相』におけるウィリアム・ジェイムズの歴史認識」、『研究所報』第十二号、一〇―二五頁、南山宗教研究所、二〇〇二年。

堀雅彦「稀有な宗教的経験と普通人の生とを架橋すること――ジェイムズ『宗教的経験の諸相』再読の視点」、『研究論集』第三号、二一―三七頁、北海道大学大学院文学研究科、二〇〇三年。

堀雅彦「W・ジェイムズにおける〈宗教の科学〉と神の実在」、『哲学』第四〇号、一七―三六頁、北海道大学哲学会、二〇〇四年。

堀雅彦「心霊研究の彼方に――W・ジェイムズが見た宇宙」、『スピリチュアリティの宗教史』上巻、鶴岡賀雄・深澤英隆 編、リトン、二〇一〇年。

伊勢田哲治『疑似科学と科学の哲学』、名古屋大学出版会、二〇〇二年。

伊藤邦武「アメリカン・プラグマティズムⅠ」、『哲学の歴史８』、伊藤邦武 責任編集、中央公論新社、二〇〇七年。

伊藤邦武『ジェイムズの多元的宇宙論』、岩波書店、二〇〇九年。

Kennedy, Gail, "Pragmatism, Pragmaticism, and the Will to Believe: A Reconsideration," *The Journal of Philosophy*, Vol. 55, No. 14, pp.578-588, 1958.

岸本智典「W・ジェイムズの教育論とダーウィンの〈変異〉観念の受容――彼の子ども観と自由意志論に着

目して」、『哲学』第一三一号、二三五—二六五頁、三田哲學會、二〇一三年。
河野哲也『暴走する脳科学』、光文社新書、二〇〇八年。
Levinson, Henry Samuel, *The Religious Investigations of William James*, The University of North Carolina Press, 1981.
Madden, Edward H, "Introduction" to *The Will to Believe*, Harvard University Press, 1979.
松永俊男「カトリック教会と進化論」、『桃山学院大学キリスト教論集』第三五号、五一—六五頁、桃山学院大学、一九九九年。
McGranahan, Lucas, "William James's Social Evolutionism in Focus," *The Pluralist*, Vol. 6, No. 3, pp.80-92, 2011.
Menand, Louis, *The Metaphysical Club*, Farrar, Straus and Giroux, 2001. ルイ・メナンド『メタフィジカル・クラブ』、野口良平・那須耕介・石井素子 訳、みすず書房、二〇一一年。
三橋浩『ジェイムズ経験論の諸問題』、法律文化社、一九八三年。
野家啓一「マッハ科学論の現代的位相」、『岩波講座現代思想10 科学論』、岩波書店、一九九四年。
大厩諒「宇宙の自己表現としての哲学——『心理学原理』の自我論を手がかりとしたジェイムズ哲学の方法の検討」、『大学院研究年報』第四一号、九七—一一五頁、中央大学大学院、二〇一二年。
Okasha, Samir, *Philosophy of Science : A Very Short Introduction*, Oxford University Press, 2002. サミール・オカーシャ『科学哲学』、廣瀬覚 訳、岩波書店、二〇〇八年。
冲永宜司『心の形而上学——ジェイムズ哲学とその可能性』、創文社、二〇〇七年。
Perry, Ralph Barton, *The Thought and Character of William James* (1936) Paperback Edition, Vanderbilt University Press, 1996.
Proudfoot, Wayne, "Pragmatism and 'an Unseen Order' in *Varieties*," *William James and a Science of Religions* (Edited by Wayne Proudfoot), Columbia University Press, 2004.

Peirce, Charles S, "How to Make Our Ideas Clear," *Popular Science Monthly*, Vol.12, pp.286-302, 1878.「概念を明晰にする方法」上山春平・山下正男 訳、『世界の名著　パース・ジェイムズ・デューイ』、七六—一〇二頁、中公バックス、一九八〇年。

Rorty, Richard, "Some Inconsistencies in James's *Varieties*," *William James and a Science of Religions* (Edited by Wayne Proudfoot), Columbia University Press, 2004.

Russell, Bertrand, *A History of Western Philosophy*, Simon and Schuster, 1945.『B・ラッセル著作集4　西洋哲学史 4』市井三郎 訳、みすず書房、一九五九年。

Schiller, F. C. S, "William James and the Will to Believe," *The Journal of Philosophy*, Vol. 24, No. 16, pp.437-440, 1927.

Schlecht, Ludwig F, "Re-reading 'The Will to Believe'," *Religious Studies*, Vol. 33, No. 2, pp.217-225, 1997.

Sternberg, Eliezer J., *My Brain Made Me Do It : The Rise of Neuroscience and the Threat to Moral Responsibility*, Prometheus Books, 2010. エリエザー・スタンバーグ『〈わたし〉は脳に操られているのか』インターシフト、二〇一六年。

杉岡良彦「脳科学や精神科学からみた宗教体験とその意味」『脳科学は宗教を解明できるか?』芦名定道・星川啓慈 編、春秋社、二〇一二年。

高木きよ子『ウィリアム・ジェイムズの宗教思想』、大明堂、一九七一年。

Taylor, Charles, *Varieties of Religion Today*, Harvard University Press, 2003.『今日の宗教の諸相』伊藤邦武・佐々木崇・三宅岳史 訳、岩波書店、二〇〇九年。

宇津木成介「ウィリアム・ジェームズと反射」、『国際文化学研究』第三〇号、三一—五七頁、神戸大学国際文化学部、二〇〇八年。

鷲田清一『現象学の視線——分散する理性』、講談社学術文庫、一九九七年。

山根秀介「ウィリアム・ジェイムズにおける宗教的な経験と実在」、『宗教哲学研究』第三六号、五七―七〇頁、宗教哲学会、二〇一九年。

八杉龍一『進化論の歴史』、岩波新書、一九六九年。

吉永進一「心理学と有神論――ウィリアム・ジェイムズの場合」、『宗教哲学研究』第十号、六八―八三頁、宗教哲学会、一九九三年。

吉永進一「『宗教的経験の諸相』の〈精神的判断〉と〈存在判断〉――ウィリアム・ジェイムズの宗教研究について」、『宗教研究』第六八号、五四三―五六四頁、日本宗教学会、一九九四年。

初出一覧

本書の元になった論文は以下の通り。いずれの論文も、書籍化にあたり修正および加筆をほどこした。

第1章　科学の時代とジェイムズ

「蓋然性と可能性の科学論——ウィリアム・ジェイムズの哲学と科学」

『大谷大学大学院研究紀要』第二九号、八九—一一三頁、大谷大学大学院、二〇一二年。

第2章　ジェイムズの救済論

「宗教はいかにして人を救うのか——ウィリアム・ジェイムズの救済論」

『哲學論集』第五七号、七五—九二頁、大谷大学哲学会、二〇一一年。

第3章　道徳と宗教

「ウィリアム・ジェイムズにおける道徳と宗教」

『宗教と倫理』第一八号、八五—九六頁、宗教倫理学会、二〇一八年。

第4章　ジェイムズとダーウィン主義

「ジェイムズ哲学におけるダーウィン主義的視点」

『哲學論集』第六二号、二一—三七頁、大谷大学哲学会、二〇一六年。

第5章　プラグマティズム
「プラグマティズムと科学・宗教――ウィリアム・ジェイムズの真理観」
『大谷学報』第九三巻第一号、一―一九頁、大谷学会、二〇一三年。

第6章　自然主義と超自然主義
「ウィリアム・ジェイムズにおける自然主義の問題」
『二一世紀研究』第一一号、一―一四頁、大阪経済法科大学二一世紀社会総合研究センター、二〇二〇年。

第7章　信じる意志
「信念の倫理とプラグマティズム――ウィリアム・ジェイムズ「信じる意志」をめぐって」
『宗教研究』第八八巻第三号、一〇一―一二五頁、日本宗教学会、二〇一四年。

第8章　ジェイムズの自由意志論
「ウィリアム・ジェイムズの自由意志論――科学的であるとはどういうことか」
『宗教と倫理』第一九号、六九―八四頁、宗教倫理学会、二〇一九年。

第9章　信仰と救済
博士論文『ウィリアム・ジェイムズの宗教思想――科学時代の救済論として』六八―八一頁、大谷大学、二〇一四年。

索引

この索引は、まえがき、本文（章および節見出しは除く）、おわりに、註記内にみられる主要な語句および人名を対象とする。所在のページ数については、筆者の判断により、主要なページのみを記載することとした。太字で記されたページ数は特に重要な箇所を示す。

参照の指示は、「⇒」の記号で記した。

ア行

カ行

サ行

タ行

ナ行

ハ行

マ行

ヤ行

ラ行

著者略歴

林　研（はやし　けん）

1968年、京都市生まれ。早稲田大学人間科学部卒業、京都大学大学院医学研究科博士後期課程修了。理化学研究所研究員、京都大学研究員を経て、大谷大学大学院文学研究科に入学。2014年、同博士後期課程修了。博士（医学）、博士（文学）。現在は大阪経済法科大学客員研究員のほか、大阪保健医療大学非常勤講師、藍野大学非常勤講師。

A Pragmatic Theory of Salvation:
Science and Religion in the Philosophy of William James

救済のプラグマティズム
ジェイムズの「宗教と科学」論

2021年12月20日　第1刷発行

著　者――林　研
発行者――神田　明
発行所――株式会社　春秋社
〒101-0021 東京都千代田区外神田2-18-6
電話 03-3255-9611
振替 00180-6-24861
https://www.shunjusha.co.jp/
印　刷――萩原印刷 株式会社
装　幀――高木達樹

Printed in Japan, Shunjusha.
ISBN 978-4-393-32105-8
定価はカバー等に表示してあります